哲学的启迪
THE RHYTHM OF THOUGHT

［美］杰西卡·维思库斯 著
陈蕾 译

黑龙江出版集团
黑龙江教育出版社

版权登记号：08-2017-071

图书在版编目（CIP）数据

哲学的启迪/（美）杰西卡·维思库斯著；陈蕾译.
-- 哈尔滨：黑龙江教育出版社，2017.5
ISBN 978-7-5316-9222-5

Ⅰ.①哲… Ⅱ.①杰… ②陈… Ⅲ.①哲学—世界—通俗读物 Ⅳ.① B1-49

中国版本图书馆 CIP 数据核字（2017）第 118957 号

The Rhythm of Thought: Art, Literature, and Music After Merleau-Ponty by Jessica Wiskus © 2013 by The University of Chicago.
Licensed by The University of Chicago Press, Chicago, Illinois, U.S.A.
Simplified Chinese edition copyright © 2017 by Heilongjiang Education Publishing House.
Simplified Chinese rights arranged through The Yao Enterprises (Literary Agents), LLC.
ALL RIGHTS RESERVED.

哲学的启迪
ZHEXUE DE QIDI

作　　者	[美]杰西卡·维思库斯 著
译　　者	陈蕾 译
选题策划	王毅
责任编辑	田洁
装帧设计	Amber Design 琥珀视觉
责任校对	张爱华

出版发行	黑龙江教育出版社（哈尔滨市南岗区花园街 158 号）
印　　刷	北京鹏润伟业印刷有限公司
新浪微博	http://weibo.com/longjiaoshe
公众微信	heilongjiangjiaoyu
天 猫 店	https://hljjycbsts.tmall.com
E - m a i l	heilongjiangjiaoyu@126.com
电　　话	010—64187564

开　　本	880×1230　1/32
印　　张	8.25
字　　数	183 千
版　　次	2017年7月第1版　2017年7月第1次印刷
书　　号	ISBN 978-7-5316-9222-5
定　　价	38.00 元

哲学的启迪
THE RHYTHM OF THOUGHT

目录

序		001
第一章	马拉美与寂静的贡献	001
第二章	塞尚：世界的深度	023
第三章	穿过记忆褶皱的普鲁斯特	047
第四章	德彪西：寂静与共鸣	073
第五章	塞尚和风格的建立	095
第六章	普鲁斯特：寻找真正的阿尔贝蒂娜	119
第七章	德彪西作品中的和声与风格运动	141
第八章	普鲁斯特的音乐观念	163
第九章	德彪西：自我达成的形式	187
第十章	联觉、回忆与复苏	211
致谢		231
参考文献		233
索引		242
内容简介		256
作者简介		256

序

在研究莫里斯·梅洛-庞蒂（Maurice Merleau-Ponty）的哲学时，我从斯特芳·马拉美（Stéphane Mallarmé）、保罗·塞尚（Paul Cézanne）、马塞尔·普鲁斯特（Marcel Proust）和克劳德·德彪西（Claude Debussy）的作品中得到了启发。第一至第四章探究了不一致性的概念（如寂静、深度、神秘时间和节奏），第五至第七章（通过风格、本质与和声）研究了建制的动态过程，第八至第九章讨论了观念（如"音乐观念"和形式），第十章研究了超越的概念。

第一至第三章中的材料对于研究梅洛-庞蒂的学者们并不陌生，但是第四章关于德彪西的《牧神午后前奏曲》（*Prélude à l'après-midi d'un faune*）探索了新的领域。然而，我们也能看出第四章与第一章（通过马拉美的诗歌）产生了共鸣，并且这种共鸣开启了某种深度：第五章、第六章、第七章（通过分别聚焦于塞尚、普鲁斯特和德彪西）

和第二章、第三章、第四章相关联。中间这几章作为不一致的层次，在作品结构内开启了另外的层次。类似地，第八章和第九章（关于普鲁斯特和德彪西）分别强化了第三章和第六章、第四章和第七章的研究。在第十章中，颜色、声音、运动和情感这些普遍的主题（通过联觉）结合在一起，最终回到了第一章中动态表达的问题上。

因此，这本书以一种音乐的形式进行编排，章节之间不是线性排列，而是通过深度进行排列的。

第一章
马拉美与寂静的贡献

> 哲学的定义,必须要包括阐明哲学表达本身(不再是先前"天真地"使用,而是有意识地使用某些步骤,似乎哲学把自己限定在了反映它是什么)是前科学的科学,是表达之前和在背后支撑着它的表达。
>
> ——莫里斯·梅洛-庞蒂《可见的与不可见的》

哲学的启迪
The Rhythm of Thought

在读莫里斯·梅洛 庞蒂的哲学作品时,人们必然要去应对其语言的晦涩难懂和作品的不完整性。他非常喜欢把一组组对立的概念置于紧张的关系中——可见的与不可见的,积极与消极,可感的与想象的。他还发展了一套独特的术语,尽管这些词里充满了传统的基督教术语,如"交错性""降临""肉身"和"道",这些都赋予了他作品的一些特征,从而使它们近似于一种神秘的美景。的确,任何人读到《可见的与不可见的》最后一个完整的章节"交错与交织"时,都会注意到梅洛-庞蒂论述基调的变化。① 他的作品中似乎充满了哲学的启示,而在他宣称找到"最终真理"之后不久,他就意外死亡了,这一悲剧诱发人们质疑命运。为什么他刚刚宣告了哲学研究的目的,就立即被夺去了生命?但是现在,比起屈服于这一猜想,我们更应该问问他的辛勤工作留给了我们什么可以收集起来的信息。因为我们

---

① 梅洛-庞蒂:《可见的与不可见的》(*The Visible and the Invisible*),阿方索·林吉斯(Alphonso Lingis)译,伊利诺伊州:西北大学出版社,1968年。法文原著名为"Le visible et l'invisible",克劳德·莱福特(Claude Lefort)主编,巴黎:伽里玛出版社,1964年。下文引用为《可见的与不可见的》,英文译本页码在前,法语原著页码在后。

第一章　马拉美与寂静的贡献

只有这些东西：一些书和一些文章。他的大部分作品都不完整，只不过是一页页零散的笔记。

然而，大部分流传下来的梅洛-庞蒂的晚期作品都不是以叙述的形式呈现出来的，而只是一个粗略的提纲，这也许是恰当的。因为他没有提供给我们一个经过思考之后的哲学结论，恰恰相反，他的作品都是开放性的——它只是一个哲学论述的开始，而哲学本质上就是还在进行中没有完结的。在这个意义上，这些课程笔记和研究笔记对于我们准确地理解他的哲学思想及其实践意义有很大的帮助。当我们研读这些笔记的时候，我们参与到了一种思维活动中。

所以，我们在研读笔记时所遭遇的这些困难会使我们培养出一种对他作品的敏感度，即我们在阅读时不仅要考虑每个单词和短语的固定含义，还要考虑是通过什么方式这个单词或短语表达出它原始的含义的。我们必须清楚每个单词的含义是怎么得来的，因为除了作为日常语言使用的表征形式，在每个单词的含义之下，都隐藏着一些有活力和创造力的表达形式。因此，梅洛-庞蒂写道："最承载哲学含义的言语未必是那些包含着它所说的东西的言语，而更多的是最有力地向存在开放的言语，因为它们更接近地传达着整个生命，因为它们使我们习惯了的那些证据震荡，直至它们分崩离析。"① 就是这种分裂时

---

① 梅洛-庞蒂：《可见的与不可见的》，第 102/137 页。

观念之间的互动启发了哲学家。因此，我们开始能够理解梅洛-庞蒂著作中精心设置的一些对立的概念；这些对立概念中固有的矛盾使它们在字面存在之外具有开放性，并且提供了一种哲学力量，一种有些类似马奈（Manet）的《草地上的午餐》（*Le déjeuner sur l'herbe*）中绿色召唤红色的那种美感的震撼。语言或者颜色的力量就出现于对立的成分中间的空白处。但是，即使不是成对地去考虑，而只是考虑单个词，这些术语比如"交错性""降临""肉身"和"道"也起到了同样的作用，正如梅洛-庞蒂含蓄地运用了它们的意义形成的历史来对比其意义的实现。他对这些术语的使用并没有使词汇变得多么有歧义，而如果换作其他表达方式，我们根本不会注意到这些词，而他对这些术语的运用使我们看出它们的多维含义。只有那时我们才能够看清"自我形成的语言"或是说自我运行的语言表达了"一种它为其一部分的本体发生"。①

正是从这种意义上说，梅洛-庞蒂的作品是诗意的——在词源意义上是诗意的——因为它一直在致力于揭示清楚说出的词语之间（之下、之后或之前）所浮现出的哲学思考的创造性生成过程。梅洛-庞蒂生前的笔记中留给我们的思想似乎以这种方式接近了诗歌的传统。的确，这些笔记意义重大，不仅表现在内容方面，而且还表现在

---

① 梅洛-庞蒂：《可见的与不可见的》，第 102/137 页。

第一章 马拉美与寂静的贡献

它们在书页上显示出的间隙。后期的梅洛-庞蒂似乎有意地使用一种不能表达明确含义的措辞：书中的空白是持续不断地再次开始哲学思考的一个开端。

因此，梅洛-庞蒂作品的未完成性和作品本身和谐相处。尽管我们觉得他的去世是造成他作品不完整的悲剧性原因，但是，即使他又活了好几十年，我们就能说他的作品是完整的了吗？如果它真的是哲学作品的话，梅洛-庞蒂在1971年到1981年的作品也应该留给我们更多的问题和更多的开口。哲学恰恰是因为它的不完整性而得以存在的，它总是需要被再次思考，所以它有着丰富的内涵。当我们努力克服这样一本有活力的书中显而易见的困难时（也应该注意到这其中的乐趣），我们并不是在孤军奋战，这一点并不完全出乎意料。我们在开始读梅洛-庞蒂的"不完整"的作品时所面临的很多挑战，和他本人在读埃德蒙德·胡塞尔（Edmund Husserl）的作品时所遭遇的挑战类似。的确如此，在面对这些挑战时，还有比梅洛-庞蒂更好的向导吗？关于胡塞尔的哲学，梅洛-庞蒂问道："如果它的结论只不过是一个进程的结果，而这个进程被一种不成熟的终生研究的中断改编成了一部作品，那么我们就不能仅仅用一个哲学家所取得的成就来定义他的哲学思想，我们就不得不要考虑他的哲学思想最终想要思考什么。"

梅洛-庞蒂曾暗示说如果我们把一个哲学家的作品看作是已经完

成了的完整版本的话，我们会错过其真正的意义。首先，胡塞尔作品不能被简化成一套定义清楚的概念，正是这种性质才使其需要一种动态的有创造性的方法。①（在思考他的哲学思想最终想要思考什么时，好像胡塞尔的作品是一个只需澄清的封闭的系统似的）而应仔细考虑其思想的生成活动，即仔细考虑梅洛-庞蒂所说的"表达之前和背后支撑它的内容"。②因为真正的哲学探寻不是首先在头脑中完成（完全形成甚至以一种可接触的方式呈现出来）。只有在那之后才借助语言出现在世界上，正是通过表达这一过程，真正的哲学思想才被人们所熟知。正如梅洛-庞蒂所写的：说和写不是对一条可得到的证据的编写，恰恰相反，正是说和写使这条证据存在。

而我们在阅读梅洛-庞蒂作品时所遇到的困难核心就在于此。我们不能擅自将一个创造性和其不完整性紧密相关的作品变得完整。那种认为我们自己的"说和写"能够把那些未完成的手稿和课程笔记编写成梅洛-庞蒂整个哲学思想的完整版本的想法的确是愚蠢的。如果一个人试图通过其概念的语言来分析其思想，那么，他是不会弄明白"其思想最终想要思考什么"。如果我们总想和他的结论恰好吻合，我们会始终达不到这个目标。因此，我们所追求的不是去思考其思想的内容，而是根据其思考的运动而去思考；我们追求"参与到一

---

① 梅洛-庞蒂：《胡塞尔课程摘要》（*Resume Course:Husserl*），第 5/159 页。
② 梅洛-庞蒂：《可见的与不可见的》，第 167/219 页（原文中加强调）。

种操作性的思考之中"。① 我们不应去编写或是完成他的作品，而应认识到事实上正是这种作品和它所引起的精力投入之间的差距证实了语言表达的生成能力。于是，我们的努力证明了梅洛-庞蒂所认为的一切哲学思考的特征原则，即不一致原则。

*

通常情况下，我们认为意识是某种指挥中心所在地，是有组织的精神和感知器官的一种能力，这种能力使我们可以完全反思世界上的事物。我们认为所见到的事物就是它们真实的样子，或者是它们在没有被观察的情况下将会成为的样子。但是，这种把反思当作对世界上事物的掌握的想法没有把知觉的时间维度考虑在内。② 梅洛-庞蒂要求我们把这个过程当作反思性思考的不确定原则：即使当意识感觉到它已经掌握了这个物体，这种原始的或是"原初的"知觉已经经历了时间的错乱。因此，意识所掌握的不是事物本身，而是对于事物的最初感知的反思，即事物的形象。在反思和事物之间总是存在间隙，即差距；意识不能直接地感知世界，而似乎只能通过一个把原初知觉和反思性检验分开的时间段。③ 于是在描述这种循环时，梅洛-庞蒂将

---

① 梅洛-庞蒂：《胡塞尔课程摘要》，第 5/160 页。
② 梅洛-庞蒂：《可见的与不可见的》，第 38/59 页。
③ 同上。

我们对于事物的知觉描述成反思—知觉—中—被感知的事物。[1]我们以为所能掌握的事物本身其实根本就无法获得。但是，如果我们没有注意到这种错乱会怎么样？如果我们没注意到这种间隙会怎么样？反思会提供给我们事物本身，世界本身；反思会成为一个堡垒来反抗不连续性。然而，根据梅洛-庞蒂的观点，为了使对事物的感知在一个循环周期内保持连续，反思预设了它发现的事物，并且迫使自己将假装后来在事物中发现的东西放入事物之中。[2]它通过追溯性地将反思和原初知觉等同起来而构建出对于这种事物的持续感知。但是，这种做法是根据一种欺骗在操作：它混淆了对事物的原初知觉和对被感知的事物的反思之间的差别。虽然这种混合使意识声称它已经掌握了这种事物，而不是一时的形象，但是它揭示了反思性意识的结构中固有的一个局限性：反思无法在原初知觉的层面认识这个世界。

  但是同样可以确信的是，思想及其对象，我思与思想对象之间的关系，既不包括我们与世界交流的全部，甚至也不包括其最重要的部分，我们必须把这种关系放回到与世界更为寂静的关系中，放回到与世界的最初关联中，前一种关系取决于这种最初关

---

[1] 梅洛-庞蒂：《可见的与不可见的》，第38/59页。
[2] 同上，第38/60页。

第一章 马拉美与寂静的贡献

联,当反思的回归介入时,这种最初关联总是已经形成了。我们将后一种关系称为向世界的开放,在反思的努力试图捕捉住这一关系的时候,我们会错过它,而我们又会同时看到阻止反思获得成功的原因和到达那里的途径。[1]

通过提出对反思性思考和事物本身的不一致性的新的理解,梅洛-庞蒂声称:"我们正看见不同于反思变换的另一种活动的必然性,这种活动比反思更根本,是一种超反思(sur-reflexion),它既会关注它本身,也关注它对场景引起的变化。"[2] 这种适应了不一致性的超反思的活动会在动态的思维过程中建立起来。也就是说,它不会运用反思来引起混乱,正如一个观看世界者有能力向外看到这个世界并声称看到了事物本身的样子,因为他心灵纯洁,没有接触事物,而哲学会通过调查思考来把前反思当作世界中的一个动态系统。

在《可见的与不可见的》这本书中,梅洛-庞蒂通过转向辩证思考开始了这种研究。辩证思考的过程和反思的过程差不多,显示出一种时间的混乱。但是辩证思想和反思的区别取决于它们遇到这种混乱的方式。反思基于原初知觉,正如梅洛-庞蒂所说,"把它将要假装在事物中的发现放到事物中去"。也就是说,反思是围绕着不一致性

---

[1] 梅洛-庞蒂:《可见的与不可见的》,第35—36/56页。
[2] 同上,第38/59—60页。

的,多亏了这种时间混乱,反思将它已经考虑好的投射回知觉。因此,正是那种反思欺骗了我们,它使我们相信我们已经掌握了那种事物,而事实上,我们只是得到了一个反思性形象,而根本没有联系到这个事物。但是辩证思想抓住原初知觉和思考之间的缺陷,与反思相对比的是,辩证思想在它复杂的时间结构内操作。它追求的不是产生一个固定的形象,而是通过一个连续的感知和反思的循环而返回的信息。它的真实性要归功于这种信息的返回,因为它不仅去探寻它所希望找到的信息,而且根据那些它自身之外存在的东西而发展:间隙地表达潜在的差异或者可能性。确实仅仅是因为这种间隙才使辩证思想成为动态的思考。当辩证思想回到原初知觉时,它会采取将自身与现在持有的过去的知觉分离的措施,而不会去引起混乱,可以说它能够包容这种不同,根据这种不同来改装自己,并且可以从不同中找到前进和改变的潜力。这就是为什么梅洛-庞蒂在谈到辩证思想的动态阶段时写道:"因此这里涉及的不是一种按照已经确立的路线发展的思想,而是涉及一种自己探索前进路线的思想,它边前进边出现,它通过探索前进路线,证明这条路是切实可行的。"[1] 切实可行:作为操作性思考,即在对事物的原初知觉和意识到达思考对象的任务之间的关系范围内进行的一种思考。

---

[1] 梅洛-庞蒂:《可见的与不可见的》,第 90/121 页。

第一章 马拉美与寂静的贡献

因此,这种操作性思考揭示了辩证法的一个具体概念——非综合的辩证法。梅洛-庞蒂写道:"它尤其不是在连续陈述中阐述自己的,那些将会被看成实实在在存在的陈述;而且为了成为真实的,每一个陈述在整个活动中都必须被带回它来自的阶段,并且只有当人们不仅考虑它明确所说的内容,而且也考虑它在整体中的位置所构成的潜在内容时,它才有其完全的意义。"① 也就是说,辩证思想不断地回去考虑反思的不一致结构,并且根据这个复杂的运动而前进。因此,它并不能得出一个完整的固定的陈述。"要想把它自己构成论断,它就必须改变自己的性质",因为得出一个完整的、固定的陈述就要背叛辩证法的核心,即操作性思想。② 就其本质而言,它没有声称揭露了一个预定的领域,相反,它存在于对从未阐述或明说的开放性中。所以,梅洛-庞蒂仔细区分了他自己对辩证法的理解和他所称的普通辩证法或者"坏"辩证法(这种辩证法认为"思想停止伴随或者成为辩证的运动,并把这种运动转化为意义、论断或者所说之物")。③ 寻找一种方法来描述它的辩证法的动态概念,梅洛-庞蒂采用了"超级辩证法"这个术语来表达"好的"辩证法:"我们所称的超级辩证法就是一种相反地能够达到真理的思想,因为它毫无保留地面对关系的多样性和被称为模糊性的东西。坏的辩证法就是那种认为用自发思想、陈述

---

① 梅洛-庞蒂:《可见的与不可见的》,第 90/122 页。
② 同上。
③ 同上,第 93/126 页。

集、论题、反题和综合就能重构存在的辩证法。"①

在读到梅洛-庞蒂的这些话时,我们可能会停顿一下。超级辩证法?超反思?在梅洛-庞蒂对思想的动态过程的探寻中已经明确的是普通语言不足以完成这个任务。梅洛-庞蒂似乎对于语言的局限十分恼火,他扩展语言,延伸语言,并且像走困难的迷宫一样回到先前的陈述。但是这不是作者的错,而是不一致性自身造成的结果。唯一能弄清楚这一间隙的方法就是从未被明说的事物构成的内容那一点进入其中。"哲学就是科学和言语的彼此再转换,"梅洛-庞蒂写道。② 于是人们能够用来表达这种辩证法的语言不可能简单地借助于那些意义透明的词汇。动态思想的表达必须总要把间隙原则考虑在内,就像哲学寻求一种能够从不一致性内部出发的操作性思想一样,动态思想的表达也必须寻求一种能够表达那种思想的语言。的确如此,梅洛-庞蒂写道,哲学"应该探究这个世界,它应该进入我们的探究在世界中引起的指称之林,最后它应该让世界说出在其寂静中所想说的"。③但是,怎样才能让它从寂静中发声而又不打破寂静本身呢?

我们需要一种操作性语言,一种能够在符号和意义之间的空白内建立起来的语言,它为了意义的运动会回到这种不一致性。梅洛-庞蒂写道:"这将是这样一种语言,他不是它的组织者,他也不汇集单

---

① 梅洛-庞蒂:《可见的与不可见的》,第94/127页。
② 同上,第129/169页。
③ 同上,第39/60页。

第一章 马拉美与寂静的贡献

词,单词通过意义的自然交织而由他组合起来,通过暗喻的神秘迁移而组合起来,在暗喻中,重要的不再是每个单词和每个形象的显性意义,而是其迁移和转换中隐含的联系和亲缘关系。"①

似乎这种操作性语言会是诗歌的语言,是充满隐喻的语言。诗歌和隐喻性语言都恰好遵循不一致原则;它们的目标都是"使寂静发声,说出未说之意,探索语言超出明显的、熟悉的目的之外的意义(马拉美)"。② 不是运用语言来直接阐述思想,诗歌利用符号和意义之间清晰的空白,又考虑到词语在互动中形成的关系之间潜在的意义,以此来用新鲜的方式呈现意义。梅洛-庞蒂这样区分这种诗歌的语言(就像那种为了生成新的意思而总是返回到清楚表达之前的语言)和普通的实践性语言(就像那些日常用语):

> 对于已经确立的语言的实际运用应该和它的创造性使用区分开。实践性语言只能是创造性语言的结果。实践意义上的言语不是关于真正的语言的,它是合适地回忆起预先确立的符号。正如马拉美所说,它是静静地放在我手中的那枚磨损的硬币。而相反地,真正的言语会有所指,会最终使不在的那枝花出现,会释放束缚在事物中的意义,这种语言在实践运用时是寂静的,因为

---

① 梅洛-庞蒂:《可见的与不可见的》,第 125/164 页。
② 梅洛-庞蒂:《胡塞尔现象学的界限》(Merleau-Ponty, Husserl at Limits),第 12—13/13 页。

它还没达到成为一个普通名词的地步。①

梅洛-庞蒂因为这种操作性的或是创造性的语言再一次地指向了诗人马拉美。梅洛-庞蒂指的是马拉美的散文《诗歌危机》(Crisis of Verse)。在这篇散文中,马拉美写道:

> 我说:一朵花!这时我的声音赋予那淹没的记忆以所有花的形态,于是从那里生出一种不同于花萼的东西,一种完全是音乐的、本质的、柔和的东西:一朵在所有花束中都找不到的花。
>
> 与名称和表征功能相反,正如人群第一次对待它,言语,主要是梦和歌,在诗人手中重新获得一种致力于小说的艺术的必然性,它的虚拟性。②

马拉美所提到的这种"虚拟性",即每束花中所缺少的,正是区分清楚说出已知内容的语言运用和接近深层的或不一致性的语言运用的超验。这就处于创造性思想的领域了。并且表达这个领域的可能性作为语言的合适的任务而存在。语言不能仅仅提供"物质的真

---

① 梅洛-庞蒂:《间接语言与沉默的声音》,出自盖伦·A.约翰逊主编,迈克尔·B.史密斯编译的《梅洛-庞蒂美学读者:哲学与绘画》,伊利诺伊州:西北大学出版社,1993年,第82页。
② 斯特芳·马拉美:《诗歌危机》,出自芭芭拉·约翰逊(Barbara Johnson)翻译的《漫游》(roam),马萨诸塞州:贝尔纳普出版社,2007年,第210—211页。

理",① 因为它不仅仅通过拟声将本质转换成声音而代表这个世界。马拉美注意到,如果语言只是通过代表来表意,世界上就不会有这么多种语言了,一种"绝对"语言就足够人类表达了。② 但是,正是因为语言的发音和含义缺乏一致性才指明了它的创造潜力,因为在语言中,总是有思维投射成表达或者其他现象,有潜在的东西,没有说明的含义在语言的运用中焕发出生命力。意义和声音之间的裂缝意味着语言必须不断更新,要想从表达过程中揭示超验的新意义,它必须回归自身,探寻自身。

因此还必须强调一点,马拉美的作品中自始至终贯穿着一个主题,即他把操作性言语描述成"音乐的"。那这种马拉美声称"主要是梦和歌"的言语有什么是音乐的呢?言语,甚至是普通的言语,通常只是音调变化而不认真考虑其音乐性。然而特别通过言语的重复或者在清楚说出单词时建立一种节奏,从而使一个词组能够从普通用语中脱颖而出并且形成一种韵律感。的确如此,我们不需要给自己强加一个梦想,非要像古希腊人的生活那样,我们也能意识到那种诗歌的开头"歌唱吧,女神",③ 起到每一首诗歌用隐含意思开始的作用,马拉美颇具匠心地强调语言的感染力,"我说:一朵花",通过真正的声

---

① 马拉美:《诗歌危机》,第 205/208 页。
② 同上。
③ 这些是《伊利亚特》一书开头的几个词。荷马:《伊利亚特》,里奇满·拉蒂摩尔(Richmond Lattimore)译,芝加哥:芝加哥大学出版社,1961 年,第 59 页。

音表现语言的音乐性。人们不能仅仅通过语言的音乐性就把有效的诗意的语言和实践性的日常用语（人们最初使用的未经加工的语言）区分开来，而是要更加具体地通过语言的节奏性来区分。

的确如此，节奏是这样一种概念，它和梅洛-庞蒂对不一致性的探究不谋而合，因为节奏恰好在于不为人所听到的内容。尽管我们通常把节奏看作一系列确定的、清楚发出的声音，音乐家会用非常不同的方式看待节奏，认为它是清楚发出的声音之间的间隔。第二个发出的音和第一个之间的关系形成了节奏。这就是为什么一个交响乐队的指挥家从来不从第一个音符开始；在第一个发出声音的音符之前，必定有一个姿势（有时只是一个呼吸），当把这个姿势置于与第一个音符的关系中时，它将开始一个节奏或停顿，这是为了乐章或乐句的完整性。从节奏上看，第一个姿势永远不是开始；是第二个姿势发起了开始。节奏只能追溯地制定；它从第二个音符返回第一个音符是为了能够覆盖两者之间寂静的间隔，甚至那时它确定了一个新的结构，这个结构会支持一个展开的旋律的发声。节奏会允诺一种不间断的动态过程，它通过向前看和向后回顾来进行，并通过每一个声音的不一致性来应用自己。因此，语言也使用一个有节奏的过程，实质上也就是一个音乐的过程，一个词回到前一个词上。也正是因为这个原因，才能揭示词语之间什么保持了寂静。在言语上，语言的节奏属性，而不是音调变化的范围，提供了使其一跃成为歌曲的最佳可能，关于

第一章　马拉美与寂静的贡献

这一点是有争议的。

当然，诗歌的大部分历史通过音步的设置保持了这种和音乐紧密的联系，但是这种节奏的表面显示掩盖了其结构上的重要意义。节奏重要的不是音步和速度，而是把每个音联系起来的寂静的表达；一首诗中节奏最根本的是不断回到不被听到的间隔的过程，或是不一致的未说的缺陷。因此，即使当言语变成纸上的词语时，也就是当它不再以口头的形式表现出来，而是根据它的图示被固定下来时，它通过表达的动态发展是支持音乐性的首要要素。

在它最有力的表征中，书写通过使用隐喻来维持其音乐性。的确如此，正如我们从上文中所看到的，梅洛-庞蒂正是借助隐喻（"隐喻的神秘迁移"）来寻找一种操作性语言的。① 他在描述马拉美的努力时暗示了隐喻的力量：

> 自从马拉美区分了语言的诗意运用和日常的唠叨，已经过去很多年了。唠叨的人只是给事物充分地命名，以便很快地指出它们，来指明"他正在谈论什么"。相比之下，根据马拉美的观点，诗人不再使用它指称事物、使用事物"众所周知的"常规用法，他用描述事物本质结构的表达方式来取而代之，于是强迫我们进

---

① 梅洛-庞蒂：《可见的与不可见的》，第 125/164 页。

哲学的启迪
The Rhythm of Thought

入那个事物。①

"事物的本质结构"——不是它"众所周知的"表面——是通过隐喻而实现的不一致的结构,它成为一种独特的表达方式。语言中的隐喻和音乐中的节奏工作原理相似,可以说,它不存在于一个单个的单词,而是在于两个或更多的相关单词形成的空当或是引人注目的特征,或是在于一个单词和它的历史所形成的关系。通过隐喻,就像通过节奏和辩证法一样,要还原没有说的内容,重塑一些已知的被认为有潜力去包含,实际上去采纳新的、不同于自身的东西,作为对自身性质很重要的内容。隐喻揭示间隙——这种不一致性——为生成性的。我们可以说这是所有创造性语言的工作。就语言而言,正是一个符号和另一个符号之间的这种线性关系才使它们具有意义,所以意义只出现于词语交叉的地方和词语的间隔中。② 作为诗人,马拉美尤其使这种间隙原理清晰可见地呈现在印好的书页上。他通过排字认真安排空白的位置,使其成为节奏性的象征。词语之间的间隔也就是操作性语言中寂静的空白,被按照原意呈现在了书页上。正如马拉美坚持认为诗歌是表达关系之间的观点或节奏,它似乎再次来源于音乐。③

---

① 梅洛-庞蒂:《知觉的世界》(*World of Perception*),奥利弗·戴维斯(Oliver Davis)译,伦敦:劳特利奇经典出版社,2008年,第75页。
② 梅洛-庞蒂:《间接语言》(*Indirect Language*),第79/68页。
③ 麦康比:《马拉美与德彪西》(*Mallarme and Debussy*),第24页。

第一章 马拉美与寂静的贡献

在《骰子一掷》一诗中,马拉美对待语言和文字出现的方式得出了他在序言中所描述的"乐谱"。马拉美继续写道:"这些'空白'承担着重要意义,它们能让人立刻感到震惊;诗律需要它们就像音乐需要寂静一样,一个抒情的或是有几个韵脚的诗段通常占据大约三分之一的书页,我不违反这个标准,只是把它分散开而已。"①

因此,空白也可以是有节奏的,马拉美彻底地把空白扩展成寂静的这种做法对梅洛-庞蒂有重要意义。根据梅洛-庞蒂的观点,当我们很清楚语言的构成远远不止于实践性地说出已经存在的想法时,或是当我们清楚言语和意义之间没有绝对的混合时,我们就明白了"完整表达的想法是毫无意义的,并且所有语言都是间接的和暗指的,也就是说如果你愿意,是寂静的"。② 不管是标记在书页上让我们的眼睛去看出来,还是悬置于隐喻的两个词之间,这种寂静都作为一整块田地而存在供诗人来使用:

> 用诗意的话语来谈论这个世界就几乎是要保持寂静,如果言语是要靠日常用语来理解的话,马拉美是出了名的写得少。然而在他留下的很少的诗句中,我们至少可以找到诗歌最强烈的意义,它完全由语言承载,既不直接指原原本本的世界,也不指平

---

① 麦康比:《马拉美与德彪西》(*Mallarme and Debussy*),第 121/455 页。
② 梅洛-庞蒂:《间接语言》,第 80/70 页(原文中加强调)。

淡无奇的真理，也不指理由。因此，诗歌是一种语言的创造，它不能被完全翻译成观点。①

马拉美的诗歌被很有美感地呈现出来，它不被包含于或是局限于概念。当它一接近这种表达，它就立刻再次转向不一致性的开口，而它的力量和真实性就来自那里。它通过一种节奏性的混乱的自我指称结构"捕捉到自己设置的意义"。②

然而，哲学家在揭示了寂静的急切需要后必须扮演什么角色呢？已经寻求一种操作性语言作为揭示不一致性的根本结构的唯一途径，要怎么处理"这种不能被完全翻译成观点的语言"？普通意义上的说话不再是要遵守寂静，而是要通过操作性语言根据寂静而说话，是冒着结束哲学的风险而陷入神秘主义。梅洛-庞蒂问道："那还是'哲学'吗？"然而他又使我们放心，"这种颠倒本身——神的恶性循环，不是犹豫、自欺和坏辩证法，而是回到深渊。人们不能构成直接的本体论。我的'间接'的方法（存在中的存在）是唯一与存在相符的"③。

正如我们所见的马拉美的图形，他所采用的"间接"的方法，是通过对艺术的深入研究而得出的。通过马拉美的作品，以及某些画

---

① 梅洛-庞蒂：《知觉的世界》，第 75/59—60 页。
② 同上，第 153/198 页。
③ 梅洛-庞蒂：《可见的与不可见的》，第 179/231 页（原文中加强调）。

第一章 马拉美与寂静的贡献

家、作家和音乐家的作品,梅洛-庞蒂发现一条通往新的本体论的道路。尽管他的作品永远是不完整的,尽管我们能接触到的大多数是一些粗略的笔记,里面留有错误的开始、转折和重新考虑的痕迹,理解这条道路的唯一途径就是重新走这条道路。马拉美在《诗歌危机》一书中写道:"如果没有供给,任何事物都不会存在。"[1] 因此,我们也必须通过这唯一可获得的手段,即进入其中,来开始这种间接的本体论的研究。

---

[1] 马拉美:《诗歌危机》,第 210/212 页。

第 二 章
塞尚：世界的深度

瓦雷里说画家"提供他的身体"。

——梅洛-庞蒂《眼与心》

梅洛-庞蒂与视觉艺术打交道，特别是绘画，贯穿了他的整个职业生涯。众所周知的是，从《知觉现象学》(*Phenomenlolgy of Perception*)到《眼与心》(*Eye and Mind*)，塞尚始终是梅洛-庞蒂作品中的一个关键人物。但是，如果我们想要深入了解他的思想发展，我们就不能去看他最著名的一些结论，而是要去看他的作品经历的变化的核心。这些可以从《研究笔记》《可见的与不可见的》和《笛卡儿本体论与今日本体论》的课程笔记（1960—1961年）中去追寻。人们可以从这些笔记中收集到很微妙但是很重要的侧重点的转变，强调深度为一个哲学概念。深度，就像诗歌中沉默的空白，成为绘画中表达不一致性的根本结构的手段。

梅洛-庞蒂通过将他自己对深度的阅读和笛卡儿的进行对比开始这个主题的研究。的确，对于笛卡儿主义者来说，一个充满不一致性的世界——充满沉默、空白和深度的世界，只是一个充满幻觉的世界，因为真理是一个充满实在的事物的世界。在这样一个世界中，思

第二章 塞尚：世界的深度

想捕捉到自身，反思不是经受混乱，而是带着精确的一致性来关注知觉的领域。因此，知觉是心灵的领域，而不是感官的，它是"心灵的监督"，类似地，"反思只是知觉返回到自身"。笛卡儿哲学认为心灵与世界是齐平的；思想和世界之间没有距离，因为思想就是世界。

或者是笛卡儿主义者认识到他或她的思想只是关于世界的一部分景象，就像通过窗户或是从一幅画中所看到的一样。尽管笛卡儿主义者完全恢复了知觉，但是知觉自身受到了他或她的身体在空间中的位置的限制。站在圣维克图瓦山山脚下的笛卡儿主义者不可能看到瓦尔山的另一侧；树木、岩石、突出的悬崖遮挡住了山那边的山峰。但是笛卡儿主义者知道他或她在那时所见到的景象——感觉到他或她眼前的阻挡了其他物体的景象——不是事物真正的样子。真正的树不是在另一棵树之前或之后；如果站在另一个位置，这棵现在被灌木丛、岩石这些前面的事物所阻挡的树将会被完全看到；类似的道理，笛卡儿主义者从圣维克图瓦山山脚下爬到顶峰会使他或她看到瓦尔山在他或她的注视下绵延到远方。因此，在山脚下时看不到的瓦尔山绝不能构成它实际存在的一方面。真理存在于绕过山峰，将深渊填平，并将之前隐藏的事物变成真正实在的事物。笛卡儿主义者会非常感激20世纪的进步，因为借助新技术他或她可以坐在飞机上俯瞰风景来证实这个假设，在那里以前阻挡他或她视线的东西会变平坦，他们可以将之前认为是深渊的景象一览无余。

梅洛-庞蒂写道:根据笛卡儿的哲学体系,空间绝对地存在于自身,不管是在哪儿都是性质相同的;例如,它的维度从定义上是可以互换的。"① 它的意思是深渊(和远处看似变小的物体)只是一种感知幻觉,因为从根本上来说深度就相当于宽度,它可以被作为事物之间确定的距离而测量出来。

> 根据这个体系,我所称的深度事实上是并列的几点,这使它可以比作宽度。我只是位置不好,不能看见它,我应该能看见它,如果我处于一个旁观者的位置,一眼就能看到一系列的物体在我眼前绵延至远方,而对于我来说,它们互相隐藏彼此,或者看到从我到第一个物体间的距离,而这个距离对我来说压缩成了一点。②

因此,对于深度的感知可以被认为是理解一种障碍物:那些阻挡住别的事物的是它们不能被清楚看到的事物,它们有效地将它们之间的距离缩减到一点(就像遮挡了视线的灌木丛和岩石似乎就在被阻挡的树上边一样)。对于笛卡儿主义者,多亏了这种阻碍才使我们经历了类似深度的维度。但是深度作为一种阻碍就在那里等着被克服;

---

① 梅洛-庞蒂:《眼与心》,第 134/147 页(原文中加强调)。
② 梅洛-庞蒂,《知觉现象学》,科林•史密斯(Colin Smith)译,伦敦:劳特利奇与开根•宝罗出版社,1962 年,第 297 页。

第二章 塞尚：世界的深度

只是简单地调整我的位置从旁边观看的话，我意识到在灌木丛和树之间有一段距离需要测量，并且可以当作宽度来测量。因此，对于调整自己位置的观察者自身来说，深度被缩减成了幻觉。

恰恰就是这一点成为笛卡儿主义者估计深度的关键。笛卡儿哲学要求观察者不断地调整他或她自身的位置，或者至少想象调整位置。笛卡儿主义者想要克服身体给他们自身带来的局限（由于他或她自身的身体处于世界中，他或她被束缚在了一定的时间和空间里）。笛卡儿主义者关注的是纯粹的心灵；的确如此，他或她想要从一个类似上帝的视角来看待这个世界，这时之前被感知为深度的现在就被展示成了宽度的广阔平面。比我们20世纪坐在飞机上飞跃圣维克图瓦山的笛卡儿主义者要好，上帝的心灵不仅可以看见整个普罗旺斯，而且可以看见摆在他眼前的整个世界。之前似乎很模糊的一切将会变成一个完全透明的物体，一切都会变成确实存在的事物。

因此，我们开始在笛卡儿主义者对于深度的估计中认出本体论的轮廓，具体说是一个根据基本的主客体二分法而安排存在的体系。如果我们希望能够得到真理，我们就必须将自己提升到世界之上，并且从上帝的心里来看待这个世界。我们必须把自己看成观看世界者。我们必须是纯粹的主体，不能接触事物，只能按照它们原本的样子注视观察它们，与我们的思想一致。这种注视永远不会打扰或改变客体，因为作为纯粹的主体，它不能和事物有所接触，它只能简单地从上方观察。

而笛卡儿哲学家努力将自己当作位于"存在的零点"的观看世界者,①这一点离世界最近。以至于艺术家可以通过文艺复兴的透视技巧进入一个纯粹的主体的视野。梅洛-庞蒂写道:"透视不仅仅是模仿赋予所有人类的现实的秘密技巧,它还是一个完全被瞬间合成支配和占有的世界的发明。"②这种"瞬间合成"揭示了会出现在观看世界者心中的全部事物。梅洛-庞蒂观察到,"当我运用文艺复兴的透视技巧时,我就像上帝一样思考并主宰我的视觉"③。也就是说,我不屈服于永不停息的变化和现象领域的流逝;我不被事物的合理世界所诱惑——那个我试图要抓住时溜走的世界。而我非常清楚我不是上帝,我不能同时看到所有的事物展示在我眼前,我的陈述根据某一个计策来进行:人工透视。文艺复兴透视构成了这个可知的、一致的世界的话,会怎么样呢?

根据梅洛-庞蒂,知觉通过某一种混乱原则来进行,因为当我越是目不转睛地注视着一个物体,它就开始震动得越厉害,从而失去了它的坚固性。如果我希望掌握一种物体的稳定的感觉,我必须自相矛盾地实际上通过在几个不同的时间看这个物体而使我的注视运动起来。正如笛卡儿主义者希望通过从几个不同的空间位置看他或她眼前的风景来消除深度,文艺复兴的画家必须从几个不相连的时间"位

---

① 梅洛-庞蒂:《可见的与不可见的》,第113/150页。
② 梅洛-庞蒂:《间接语言》,第87/81页。
③ 同上,第87/80页。

第二章 塞尚：世界的深度

置"来观看物体。正如笛卡儿主义者渴望一个什么风景都不会被隐藏的视野——就像上帝的视野——文艺复兴的画家就会类似地试图跨越时间来达到对这个物体多种感知的合成，导致了这样一种表达，即把一个实在的物体放在关于一个单个的灭点上，被油画布的限制固定住。因此，这种透视技巧所实现的不仅仅是空间领域方面的，还是一种时间的合成。梅洛-庞蒂写道："整个情景是一种完成的模式或是永恒的模式。"[①] 在知觉的原始经验里，世界提供了一种丰富的变化的事物的深度（我们需要通过不一致性作为中介来接触到它），与此相反的是，文艺复兴的绘画中表现的场景似乎是可以理解的，直接地，它根据几何线条和平面的确定性而组织起来："以这种方式画出来的风景看上去很平静，有一种令人尊敬的体面感，它们是在一种对无限的注视下形成的。它们一直在远方，不涉及观看者。"[②]

但是，恰恰就是这种距离将我们的注意力召唤到主客体二分法上。从这个距离来看，主体无法接近客体。而主体在于一个与客体完全不同的存在里；主体不牵涉客体的领域。因为这不是一个主体参与的世界；相反地，这个世界按照几何的法则陈列在主体的眼前，"而几何是一个没有隐藏之地的空间，里面的每一个点都只是它自身的样子，不多也不少"[③]。当文艺复兴的透视技巧按照宽度的维度（某一条延

---
① 梅洛-庞蒂：《间接语言》，第 87/81 页。
② 梅洛-庞蒂：《知觉的世界》，第 40/20 页。
③ 梅洛-庞蒂：《眼与心》，第 134/47 页。

伸到灭点的线）来组织客体的深度时，它有效地剥夺了主体进入客体丰富的生命的能力，因为只有从世界的"外面"，从观看世界者的视野，深度才以宽度的形式出现。因此，在主客体二分法下面的正是脱离了经验的并且转化为宽度的客体化的深度。①

与此相对比的是，梅洛-庞蒂追寻一种"原始深度"，它能在主客体之间建立一种更为深刻的关系。② 因为，根据梅洛-庞蒂的观点：

> 正是"原始深度"才宣告了事物和我自身之间某一种牢不可破的联系，我被放在了事物面前，而乍一看宽度可以传递一种事物自身之间的关系，在这种关系中，主体是不被涉及的。也就是说，通过重新发现深度的视觉，这种深度还没有被客体化，并且它是由彼此在外部的点组成的，我们将再次超过传统的选择而阐明主客体之间的关系。③

正是由于他有兴趣将深度看作一个具有哲学意义的主题，梅洛-庞蒂才开始研究塞尚的作品。在《眼与心》中，梅洛-庞蒂写道："在文艺复兴提出的'解决方案'400年后，笛卡儿的理论提出300年后，

---

① 梅洛-庞蒂：《知觉的世界》，第310/316页。
② 同上。
③ 同上，第298/305页。

第二章 塞尚:世界的深度

深度仍然是一个新的主题,我们要坚持探寻它。"① 但是,塞尚所寻找的特定的深度是什么呢?

显然,它不是人工透视所呈现的深度的幻觉,也不是相当于宽度的深度。原始深度不在于事物之间可以测量的关系:我们不能像至高无上的几何学者一样拿着把尺子去风景那里计算深度。(梅洛-庞蒂所描述的原始深度事实上很难理解,因为笛卡儿的几何学对于空间内固定的点的日常理解有很大的影响。)他写道:"深度是当我们说一个事物在那儿时我们用一个词表达的庞大数量。"② 也就是说,深度不是一个像线那样被看到和测量的维度;在这种意义上,它不仅仅是一种人们可以掌握,从几个视角来看待,或是公开看到它的部署的客体,而是它起这样的作用,宽度和高度这些可以测量的维度可以通过它被看到:"一个庞大的事物。"在这个意义上,它是一个开口,一个世界上的开口。③ 而且,梅洛-庞蒂写道:"与深度相关联的有一个谜团,它在于这样一个事实,我看见事物都在它们本身的位置,恰恰因为它们遮住彼此,它们在我眼前是竞争对手,正是因为每个事物在自己的位置——自己的外观,靠它们自己的封皮被知晓,以及它们在自治上的彼此依赖。"④ 因此,深度是"庞大"的空间,它不仅允许事物被看见

---

① 梅洛-庞蒂:《眼与心》,第 140/64 页。
② 同上,第 140/65 页(原文中加强调)。
③ 梅洛-庞蒂:《可见的与不可见的》,第 35/56 页。参照第一章。
④ 梅洛-庞蒂:《眼与心》,第 140/64—65 页。

(就像"世界上的开口"),而且允许事物有不被看到的一面("因为它们遮住彼此");多亏了深度,这不被看到的一面才能成为事物的组成部分。就像马拉美作品中节奏的作用一样(其中沉默的、过去的或是未被听到的关系都保持表达的潜力),深度的本体论意义在于它不仅对可见的,而且对不可见的客体的另一面可以提供表达的开口的能力。的确,梅洛-庞蒂写道:"深度在很大程度上是隐藏的事物的维度。"①

深度是隐藏的或是缺席的事物特点,塞尚正是在他的画布上展现了深度的这一方面。为了探索一个根据宽度无法测量的深度领域,塞尚抛弃了人工透视的技术。在这个领域他所做的实验中一些非常清楚的指标能够在他对静物的处理方式上被发现,即他有一种臭名昭著的癖好,喜欢把使用其他方式能够测量的线条拆散。例如,在《静物苹果桃子》中,桌子的前面使画布的左下角成为一个难以预测的转换;画布右半边稍稍向远离观看者的方向转动,却在画布的左半边突然变成平行于观看者。重要的是在油画布上起作用的不一致原则;它引起了桌子长度的扭曲,打破了观看者根据笛卡儿的原则对于空间的预期。

然而通过观看他画的普罗旺斯的风景,我们也许能更好地欣赏塞

---

① 梅洛-庞蒂:《可见的与不可见的》,第 219/268 页。

第二章 塞尚：世界的深度

图 2.1 塞尚,《静物苹果桃子》,作于 1905 年,帆布油画,收藏于华盛顿美国国家美术馆

尚绘画的过程，具体来说，他通过绘画创造出一种深度感。例如，如果我们仔细思考《普罗旺斯的房子》这幅未完成的作品，我们可以找到一个通路的入口，从而去了解塞尚将色彩和纹理作为深度的一种技巧加以运用，而不是运用线性的透视。在他的作品中，没有灭点来安排风景，也不会根据物体相对于水平面的位置而缩小（画笔在油画布上展现出大小相似的色块，从底部的"前景"到上方的"背景"）事实上，除了前景里面的两栋房子似乎与作品的标题相关，在这幅画上几乎没有什么可以看到的"物体"了。不是看到"物体"，我们似乎感知到了色彩和纹理的运动，各种蓝色的和谐（因为天空的色调与许多树交织在一起）与组成远处赭色山丘和前景里的两栋房子的大片的水平笔画所引起的运动。这构成了这幅画显著的成就：呈现出的风景似乎处于形成的时间周期内，它是动态的（也就是说，不是处于一种"永恒"的模式）。远处天空的蓝色和树林相同的蓝色呼应，远处山丘的纹理和房屋的相同，于是构成了一幅没有冻结画中物体的表现的绘画作品。通过重新配置和共鸣，一个和谐的画面就出现了，人们就沉浸在色彩和纹理的集合之中。这是一幅不能被冷静地从远处观赏的画。

关于塞尚风格的意义，梅洛-庞蒂富有感染力地写道：

> 如果塞尚之后的很多画家拒绝遵循几何透视法则，那是因

第二章 塞尚：世界的深度

图 2.2 塞尚,《普罗旺斯的房子》,作于 1904—1906 年,帆布油画,收藏于白宫

为他们试图在我们眼前重温和再现风景的产生。他们不愿意勉强接受一个分析性的概念,他们努力去重温那种知觉体验本身的感受。因此,他们画作中不同的区域是从不同的视角来看的。懒惰的观看者在此会看到"透视的错误",而那些仔细观看的人会感觉到这样一个世界,在这个世界里没有两个物体被同时看到,空间区域被我们的注视从一个物体转移到另一个物体时花费的时间所分割,存在不是被给出而是随着时间流逝自己出现的。

于是空间不再是一个能够同时被距离它们同样远的绝对观察者所捕捉到的物体的媒介,一个没有视角、没有身体和空间位置的媒介——总之,一个纯理智的媒介。[①]

塞尚在创作风景画时拒绝"遵循几何透视原则"的做法也反映了他对于观看世界者的拒绝。对于《普罗旺斯的房子》这幅画,根本不存在"绝对的观看者"。这幅画克服了似乎来自永恒的毫无隐藏的表现对象的惯例,因为我们正是从油画中没有直接展现出来的内容欣赏油画的美,即从(可见的)色彩和纹理的(不可见的)和谐中浮现出的内容。这不可见的内容构成了绘画的主题,而塞尚提供给他的观看者的是一个富有生命的油画,因为它的观看者也被牵涉到风景中。

---

① 梅洛-庞蒂:《知觉的世界》,第41/21—22页。

第二章 塞尚：世界的深度

一个来自上空的观赏者——观看世界者，"没有身体，没有空间位置"——不能感知到不可见的内容，他或她只能看到完全展示出来的事物。因此，人们通过画作所感受到的是将观看者重新安插到世界中。梅洛-庞蒂写道："空间不是过去屈光学中的空间，即物体之间的关系网络，比如被一个亲眼看见我所看到的景象的第三方看到，或者被一个俯视并从外部重建它的几何学者所看到。而它被认为是以我为零点或零度空间性的空间。我不是根据它的外部封皮而看见它，我进入它的内部；我沉浸其中。"①

空间自生活在世界之内的观看者展开。也就是说，我们对于这种感知的深度的空间经验来自化身，而不是借助非实体的心灵的反思。因此，在后期作品中从现象学转向了本体论的梅洛-庞蒂，强调身体的结构，因为它和可见的有关系：不是因为他将存在简化成了身体的物质性，而是因为正如通过身体而经历的深度是"存在的原型"。深度是一个典型。

梅洛-庞蒂许多关于深度的身体经验的研究必须在这一语境内来理解；尤其在从《知觉现象学》到《可见的与不可见的》这一系列书中，梅洛-庞蒂研究了双目视觉的重要意义。为什么从科学的角度对一个现象的广泛阐述已经被很好地理解了？多亏了这些关于双目视

---

① 梅洛-庞蒂：《眼与心》，第 138/58—59 页。

觉的描述我们才能捕捉到类似更加本体论的深度的原则，而梅洛-庞蒂一直在寻找这种原则。

于是我向外看眼前的一个物体，也许是一棵橄榄树，这时我的身体就立刻牵连到了这一看之中。因为我注意到我的视力给我的不是这个实在的事物所显示出的单一版本的树。而是有两个版本，正如立体镜中的双重影像一样；我左眼前的世界和我右眼前的世界不是完全一致的。而且，正如立体镜中用到的二维图画一样，我用一只眼睛看到的景象是平面的，毫无生气的。我可以根据一只眼睛的感知考虑所见物体的相对大小，然后计算出物体之间的距离，通过这样做我可以接近一种深度感。但是很明显我不能感到深度本身；我运用宽度的维度来测量物体之间的距离。这一切都是在思维的认真关注之下发生的：抓住，比较和计算。

然而，当我用两只眼睛去看这棵橄榄树时，我感觉不到左右眼两个影像之间的冲突。没有必要有意识地去测量两个影像之间的不同。在《知觉现象学》中，梅洛-庞蒂写道："我们从双目视觉到单一物体，不是通过思维的监督，而是当两只眼睛停止独自起作用，作为一个单一器官来进行单一的注视。"[①] 因为这种从一只眼到两只眼的感知的转移是一种基于身体的转变，意识不能指挥它。意识可能把一个图

---

① 梅洛-庞蒂：《知觉现象学》，第 270/279 页。

第二章 塞尚：世界的深度

像比作另一个，但是双目感知不是比较的结果，贯穿其中的确实是一种视觉的转换。梅洛-庞蒂在写《可见的与不可见的》一书时，强调了这种转换，他写道："双目知觉不是由两个单目知觉叠加而成的；它是另外一种秩序。"① 然而它所发起的不是一个平行于或是超越了经验的领域的秩序。因为正是身体自己——具有两只眼睛的身体——才使它变成可能。

作为对我的双眼的回应，这棵橄榄树就一下子有了生气，因为现在这棵树和我生活在同一个世界中。这可以算作我们经验的最大谜团之一。当我们错误地将深度和宽度等同起来时，我们在测量从我们身体延伸到物体的距离。这个距离使我们将自己和物体之间的关系"客体化"。但自相矛盾的是，原始深度有种使我们感到接近客体的作用。只有当这棵树被放平，没有深度时它才是不可接近的，受到视觉的局限。要想不受阻挡地看见这棵树就是要从观看世界者的视角看它，从永生的和全知的神的领域来看它。但是双目知觉预先假定了这样一种统一体，其中我自己的世界作为主体，树的世界作为客体。梅洛-庞蒂写道："身体的厚度，远不及世界的厚度，相反的是我可以唯一借助的手段来进入事物的中心。"② 我看见树在它的深度中因为我也在深度中；根据双目知觉所阐明的方案，我通过把自己的身体插入到

---

① 梅洛-庞蒂：《可见的与不可见的》，第 7/22 页。
② 同上，第 135/176 页。

那个世界中而看到那个世界。深度现象证明了我不是观看世界者。

于是，因为知觉的深度不是根据一个能看到所有的事物都实实在在地展示的视觉而出现，它扎根于身体图示；它尤其是可见的，仅仅因为我们的两只眼睛，看到同一个物体的影像不同。我们所看到的不是相当于我们的左眼或右眼提供的图像中的一个或是另一个；我们所见的是另外的图像——两只眼睛中无论哪只的注视都无法独自确定的图像——这个图像是我们身体整体所引发的另一个秩序。知觉深度在某种意义上是从这种不一致性展开的经验空间。严格说来，它是一种构成存在的更根本的不一致性的象征。认为身体是"能感觉到自己的"就是要揭示一种主客体之间的新型关系：侵越关系。[①] 回想梅洛-庞蒂在《知觉的世界》中声称："通过重新发现深度的视觉，即还没有客体化的、由彼此在外部的点构成的深度的视觉，我们将再一次超越传统的选择并阐明主客体之间的关系。"[②] 后来他在《可见的与不可见的》一书中澄清了以下观点：

> 当我在我手下、眼前、身上重新发现了现实世界时，我发现了不止一个对象：一个我的视觉只是其中一个部分的存在，一个比我的活动或行为早的可见性。但是这并不意味着我和它之间有

---

① 梅洛-庞蒂：《可见的与不可见的》，第135/176页。
② 梅洛-庞蒂：《知觉现象学》，第298/305页。

第二章 塞尚：世界的深度

一种融合或重合：相反地，融合或重合是因为有某种开裂将我的身体一分为二，是因为在被看者和看者、被触者和触者之间，有一种重叠或侵越，以至于我必须说事物进入了我们，我们也同样进入了事物。①

当我们从打开一个不同和不一致的空间方面来思考梅洛-庞蒂所说的开裂时，正是它使身体图式像"肉身"一样重要。因为我们和世界的关系永远都不是偏向一方的，字面意思是我们之间的关系是有深度的。我们并不是纯粹的主体，所有事物在我们面前都是完全可见的，因为我们也和客体有关系。我们也可以像客体被看到一样被看到；我们也可以像客体被触摸到一样被触摸。这种关系如此复杂，以至于它也作用在我们自己的身体上。梅洛-庞蒂有一个著名的例子："我的左手可以伸出去触摸到木桌子的表面。我自己作为主体，我的手就是我自己的延伸，它能感受到桌子是一个客体。但是，与此同时，我可以伸出右手去触摸我的左手，就像它去摸索桌子的表面一样。现在，我的右手作为主体是我自己的延伸，但是左手是什么呢？当我的右手去触摸正在触摸物体的左手时，就有了触摸真正的触摸，而触摸的主体就降到了被触的行列，我的左手就降为了物体。"② 也就是说，

---

① 梅洛-庞蒂：《可见的与不可见的》，第 123/162 页。
② 同上，第 133—134/174 页。

即使左手作为主体和我保持着联系，它已经跨入了物体的世界。它"最终向它所属的可触的存在开放了"①。因此，我的身体将自身运用到世界中，但是它也是这个世界的一部分。在《可见的与不可见的》一个重要的段落中，梅洛-庞蒂写道：

> 这样，可见的可以填充我，吸引我，只是因为我不是从虚无的深处看它的，而是在它本身之中看它的，因为我本身也是可见的。产生各种声音、各种感觉组织、现时和世界的重量、厚度、质地等，正在于把握这些东西的人感到自己是通过某种与这些东西完全同质的缠绕和重复而从它们那里涌现出来的；他感到自己就是回到自身的可感的东西，反过来说，可感的东西在他眼里则好像是其副本或其肉体的延伸。②

这种"缠绕"和"重复"阐明了一种更为普遍的交错，它是可感领域的特征，正如那些彻底研究过它的人们，尤其是艺术家们经常表达的那样："画家和可见之物之间难以避免地发生角色转换。这就是为什么很多画家说事物在看他们。正如继克利之后，安德烈·马尔尚（Andre Marchand）所说的：'在森林里，有好多次我都感觉到不是我

---

① 梅洛-庞蒂：《可见的与不可见的》，第133/174页。
② 同上，第113—114/150—151页。

第二章 塞尚：世界的深度

在看着森林，有时我感觉这些树在看着我，对我说话……我在那儿倾听着。'"①

这篇精彩的文章可以以很多方式唤起感情，其中很重要的一点是它描述了世界进入主体的身体的方式：通过倾听，因为对于听者来说，声波进入内耳道然后被翻译成身体自身产生的波或者神经信号。因此，肉身这样回应一个外部刺激，它把它转化为内部的。这种从外部世界转化为主体的内部态度的现象不仅被视觉艺术家所探索，也被诗人所研究［如保罗·克洛岱尔的《眼睛倾听》(*The Eye Listens*)］，从声音角度它很好理解，但是它还成功地提供了一种视觉模式。"质量、光亮、色彩、深度，就在我们眼前，它们在那儿仅仅是因为它们在我们身体里引起回声，而且我们的身体欢迎它们。"② 这种"回声"揭示了存在于我们眼前的我们与世界的终极亲密；因为情况不单单是这样，即我们作为主体，从一个陌生人的视角，能够被看成是客体。我们对于客体的关系就更加深奥了。在主客体之间有侵越，因为世界有办法住在我们身体中，即它通过肉身，作为空气和光的震动，作为激起内部反应的某种分子模式住在我们体内。并且这种现象，即客体的世界激起主体的内部反应的现象必须被强调。梅洛-庞蒂写道："当我们说起激起这个词时，应该指的是它字面的意思。存在的确是有吸气和呼

---

① 梅洛-庞蒂：《眼与心》，第 129/31 页。
② 同上，第 125/22 页。

气的。"① 在可见的和所见之间,可听的和所听之间,被触的和触者之间确实可以交换。这种互相交错的交换需要修订笛卡儿哲学中的主客体二分法,因为这种交换就发生在开向这两者之间的不一致性上,正如我们现在所能理解的那样,在开口和侵越时,这种不一致性就起作用了。

于是身体,远不是我们看世界的障碍,而它自己恰恰是我们能够接触到世界的手段。梅洛-庞蒂写道:

> 就是身体,仅仅是身体自己可以将我们引向事物本身,它们自身不是平面的存在,而是有深度的存在,它们不向俯瞰它们的主体开放,而只向身体开放,向如果可能将会与事物在同一个世界中共存的身体开放。当我们说到可见的之肉身时,我们并不是想讲人类学,描述一个充满我们的投射的世界,忽略掉处于人类面具之下的东西。相反我们想说,肉身存在作为一种深度存在,是多层面的存在,是潜在的存在,是某种缺席的显现,是存在的一种原型,而我们的身体(可感的感觉者)则是它的一种引人注目的变体,其构成性矛盾已处在所有的可见的中了。②

---

① 梅洛-庞蒂:《眼与心》,第 129/31—32 页。
② 梅洛-庞蒂:《可见的与不可见的》,第 136/177 页。弗朗索瓦·达斯特(Francoise Dastur)对梅洛-庞蒂的这篇文章评价道:"如果身体事实上确实是一个可感的范本,那是因为这种内部和外部的分离创造了一个二维的存在,一个有两片嘴唇的两层面的存在,它构成了'原生秘密'。这个秘密是一切存在产生的秘密,除了是内部和外部分离的一般运动外什么都不是。"弗朗索瓦·达斯特:《来自内部的思考》,载于《当代视角下的梅洛-庞蒂》,帕特里克·伯克(Patrick Burke)和简·范德维肯(Jan Van Der Veken)主编,多德雷赫特:克鲁维尔学术出版社,1993 年,第 31 页。

第二章 塞尚：世界的深度

这是一个远和近的悖论：在我们自身和世界的整体之间总是存在不一致性的，它被看作深度；然而，与此同时，我们将我们与世界之间引人注目的联系归因于我们的身体牵涉其中，即我们是属于世界的。从表面来看，正如梅洛-庞蒂所阐明的"可感的感觉者"可能看起来有点简单——事实上，相当于只不过是对我们本体感受能力的诗意的描述。然而根据肉身——根据可感的感觉者来思考就需要发展梅洛-庞蒂所描述的"全新的本体论"，需要西方哲学思想的显著转变。[①] 梅洛-庞蒂清楚表达了这一观点，他写道："我们必须认识到这种描述也颠覆了我们对于事物和世界的看法，它造成了可感的本体复原。"[②]

确实，这种"复原"引领梅洛-庞蒂非常感兴趣地转向对普鲁斯特作品的研究。因为在普鲁斯特的作品中，肉身不仅占据和隐藏一种空间的深度，还有时间的。

[①] 梅洛-庞蒂:《法兰西学院授课主题》(*Themes from the Lectures at the Collège de France*)，约翰·奥尼尔（Jonh O'Neill）译，伊利诺伊州：西北大学出版社，1970年，第91页。原本以法语"Resumes de cours: College de France, 1952—1960"为名，由巴黎伽里玛出版社于1968年出版，第128页。下文引用为《法兰西学院授课主题》，英文翻译页码在前，法语原著页码在后。
[②] 梅洛-庞蒂：《符号》(*Signs*)，第166—167/271页。

第 三 章
穿过记忆褶皱的普鲁斯特

> 人们转向那种存在,它使我们的思想在延伸过程中得以加倍。
>
> ——梅洛-庞蒂《可见的与不可见的》

和塞尚一样,对于普鲁斯特的伟大作品《追忆似水年华》中的叙述者来说,深度的问题与艺术表达的问题紧密相连。然而马塞尔(Marcel),这个年轻的叙述者自己不仅对他所沉浸在其中的领域的视觉深度感到惊讶;他的想象视觉深度的能力——"似乎有人把图像放在了立体镜后面"①——在整部小说中充当了另一种(对于作家普鲁斯特来说:一种更重要的)能力的隐喻:当思维努力越过知觉和记忆间的深渊时的一种思维活动。与画家相反,作家必须要发展第二种能力。正是这种内部深度的领域——似乎头脑本身作为一种内部的立体镜而揭示出的一种维度——成为《追忆似水年华》一书中贯穿始终的主题。

---

① 马塞尔·普鲁斯特:《追忆似水年华》,三卷,C.K.斯科特·蒙克里夫(C. K. Scott Moncrieff)、特伦斯·基尔马丁(Terence Kilmartin)、安德烈亚斯·梅厄(Andreas Mayor)译,纽约:古典书局,1981年,第二卷第376页。原书以法语"A la recherche du temps perdu"为名,由皮埃尔·克拉拉克(Pierre Clarac)和安德烈·费雷(Andre Ferre)主编的三卷册,于1954年由巴黎的伽里玛出版社出版,第二卷第362页。以下引文英文译本页码在前,法语原著页码在后。

第三章 穿过记忆褶皱的普鲁斯特

的确，整个《追忆似水年华》一书——正如题目所暗示的——是根据一个深度结构而编写的。一开始，普鲁斯特从两个不同的方面展示了主要人物：一个是叫作马塞尔的年轻人，小说中的事件围绕他而展开，另一个是一个年长的人，他将这些事件书面记录下来。正如同一场景的两张照片一样，是平面和异相的，当通过立体镜看它们时，它们突然就绑定在了一起成为形象的维度，在小说的结尾，马塞尔和叙述者之间的分裂黏合起来，成为一体的有丰富内涵的形象。通过这种人物的两面性，这部小说提供了（正如梅洛-庞蒂可能描述的那样）"不仅是每个方面的视角的叠加，而是它们的接合，它们的交叉，它们依次的衔接，它们的交替就是一种衔接……这两种视角交替出现，但同时它们又是一个整体"①。因此，我们可以说这部小说是一部有深度的小说。确实，衔接的不一致性的主题比它的结构传达的含义更多。在这部小说的世界里，有两边形成了马塞尔童年的领域，"梅塞格里丝那边"和"盖尔芒特家那边"。小说中有两首凡德伊（Vinteuil）创作的曲子，第一卷中的奏鸣曲和第三卷中的七重奏。马塞尔一生中爱过两个人，希尔贝特（Gilberte）和阿尔贝蒂娜（Albertine）（她们的名字表明了两个人之间的本质联系）。这些成对的人或事不是重复或一个主题的不同变体。对于马塞尔来说，启用每一个这些结构对称

---

① 梅洛-庞蒂：《胡塞尔现象学的界限》，第 47/58 页（原文中加强调）。在这个语境中，梅洛-庞蒂不是具体指的普鲁斯特，而是讲的胡塞尔的主体间性理论。普鲁斯特通过在马塞尔和叙述者之间引入短暂的迁移所取得的成就，就是引入一种有节奏的和自我区分的主体间性。

的词都维护了梅洛-庞蒂所描述的:"一种不可能再被关闭的开启,而是一个所有其他经验从此可以依据它而被定位的层面的建立。"① 也就是说,它们通过深度,给马塞尔提供了给他的人生培养一种形状或感觉结构的可能性——而不一致性可能通过这种手段黏合在一起。

例如,梅塞格里丝那边和盖尔芒特家那边这个双重结构不仅启用了空间维度——马塞尔童年玩耍的地理界限——而且开启了马塞尔人生的内部风景。在梅塞格里丝那边和盖尔芒特家那边,马塞尔开始定位他的经验,并为将来的经验打下基础,而将来的经验可以据此获得深度的维度。甚至当一个男孩和他的爷爷走在盖尔芒特路上时,马塞尔似乎凭直觉知道一个隐藏的存在——一个"秘密宝藏"——嵌在他眼前的自然世界的物体里。② 对这种可感的多产性感到着迷,马塞尔成了一个类似心理映像的收集者("我会集中精神去准确回忆屋顶的线条,石头的颜色"),他希望通过这些心理映像可以掌握经验的意义。"突然一个屋顶,照在石头上的一线微光,一条小路上的香味都会使我停下来,去欣赏它们给我的特殊乐趣,并且也因为它们似乎是在隐藏某种我所看不见的事物,那种它们邀请我来把它拿走的事物,但是尽管我竭尽全力,永远还是发现不了它。"③ 他无法弄清这些知觉似乎是召唤他同时又隐藏起来是什么意思;对于还是一个年轻的男孩

---

① 梅洛-庞蒂:《可见的与不可见的》,第151/196页。
② 普鲁斯特:《追忆似水年华》,第一卷第195页/第一卷第179页。
③ 同上,第一卷第195页/第一卷第178页。

第三章 穿过记忆褶皱的普鲁斯特

的马塞尔来说,它们是平面的,极小的——积累起来的"一团不相干的图像",它们使他头脑的内部风景凌乱——既然他不能看到超出它们可见的表面或者表面之下的内容。①

然而,那时马塞尔无法知道的是作为一个像叙述者那样的成年人,这些"不相干的图像"会通过记忆恰恰就在梅塞格里丝那边和盖尔芒特那边的土壤里生根。②每个知觉和思维,即使是最转瞬即逝的,从今以后会根据它们所引发的经验的深度来沿着这两边定位。③叙述者写道:"在很大程度上我认为梅塞格里丝和盖尔芒特家这两边是我最深层次的精神土壤,是我所站立的坚实地面。"④多亏了它们作为双重结构才使得这两边开启了一个维度,通过这个维度马塞尔童年时那些不相干的图像可能最终连接起来。于是,这个叙述者声称这两边成功地"将我的头脑中如此多的不同的印象永久地牢不可破地联合起来";这两边使得他可以"同时"体验这些不同类型的零散的印象。⑤

---

① 普鲁斯特:《追忆似水年华》,第一卷第 196 页 / 第一卷第 179 页。
② 正如梅洛-庞蒂所写:"普遍不是在上面的,它是在下面的。"梅洛-庞蒂:《可见的与不可见的》,第 218/268 页。
③ "因此梅塞格里丝那边和盖尔芒特家那边,对于我来说,是同我们各种并行的生活中最充满曲折、最富于插曲的那种生活的许多琐细小事紧密相连的,也就是同我们的精神生活有关。无疑,它在我们的心中是悄悄地进展的,而我们认为意义和面貌都发生变化的真理,为我们开辟新的道路的真理,我们其实早就为了发现它做过长期的准备,只是我们没有意识到罢了;而在我们心目中,真理却只从它变得显而易见的那一天、那一分钟算起。当年在草地上嬉戏的花朵,当年在阳光下流淌的河水,曾与周围的风景相关联,而这些景物至今仍留恋着它们当年的无意识的或者散淡的风貌。"普鲁斯特:《追忆似水年华》,第一卷第 200 页 / 第一卷第 183—184 页。
④ 同上,第一卷第 201 页 / 第一卷第 184 页。
⑤ 同上,第一卷第 202 页 / 第一卷第 185 页。

因此,这两边所开启的深度不仅是空间上的,还是时间上的。这种把过去作为时间上的双重结构的感觉——一种作为与现在的对照的过去,就像立体镜中的两个映像一样——在整部小说中频繁出现,就像当马塞尔后来在巴尔贝克遇到山楂树篱时,他想起了童年时看到的那些花。这是一种视觉和强化的深度,它不是像双目景象那样从同时在场的两个景物中跳出来,而是从时间上分离的两个景物中跳出来。这个叙述者也许会推测,"现实仅仅是在记忆中形成的"。[①]

在《追忆似水年华》中,不可否认的是记忆作为这个领域的深度的揭示者,对马塞尔保持着最大的吸引力。在这种语境中,这个非常著名的在茶中泡块小玛德莱娜点心的段落值得引用:

> 带着点心渣的那一勺茶碰到我的上颚,顿时使我浑身一震,我停下来,注意到我身上发生了非同小可的变化。一种舒坦的快感传遍全身,我感到超尘脱俗,却不知出自何因。我只觉得人生一世,荣辱得失都清淡如水,背时遭劫也无关紧要,所谓人生短促,不过是一时的幻觉;那种感觉好比恋爱产生的作用,它以一种宝贵的精神充实了我。也许,这感觉并非来自外界,它本来就是我自己。我不再感到平庸、猥琐、凡俗。这股强烈的快感是从哪

[①] 普鲁斯特:《追忆似水年华》,第一卷第201页/第一卷第184页。

第三章 穿过记忆褶皱的普鲁斯特

里涌出来的?我感到它同茶水和点心的滋味有关,但它又远远超出滋味,肯定同味觉的性质不一样。那么,它从何而来?又意味着什么?哪里才能领受到它?①

这种"舒坦的快感"没有像定义他那样——这种感觉不是来自外界,它本来就是我自己——充满了他。但是他无法解释它的存在:它从何而来?又意味着什么?哪里才能领受到它?马塞尔小心翼翼地追溯了当时的那些想法和感觉:

> 我在心中给第一口茶的滋味留下位置。这时我感到内心深处有什么东西在颤抖,而且有所活动,它离开了本身的位置,像是要浮上来,好似是从深深的海底打捞起的什么东西,我不知道那是什么,只觉得它在慢慢升起;我感到它遇到阻力,我听到它浮升时一路发出汩汩的声响。不用说,在我的内心深处搏动着的,一定是形象,一定是视觉的回忆,它同那种味觉联系在一起,试图随味觉而来到我的意识里。②

这样梅洛-庞蒂最终发现了由玛德莱娜点心的味道所唤醒的回

---

① 普鲁斯特:《追忆似水年华》,第一卷第 48 页 / 第一卷第 45 页(原文中加强调)。
② 同上,第一卷第 49 页 / 第一卷第 46 页。

忆：那些在贡布雷的周日早晨的回忆。"还有贡布雷的一切和市镇周围的景物，全都显出形迹，并且逼真而实在，大街小巷和花园都从我的茶杯中脱颖而出。"① 这种快感不是来自视觉回忆本身（因为正如马塞尔的描述所表明的那样，只有在感觉到快乐之后这种视觉回忆才能够变清楚），而是来自由肉体的经验所激起的对于类似贡布雷的精神的突然适应。突然间涌现出来一个双重结构，与之相关的是他的整个经历呈现出了改变的一面。当评论到这种他童年时期的精彩的如繁花般的世界时，马塞尔注意到它不是来自有意识的回忆或者视觉的想象，而是来自味觉和嗅觉这些次要的感官。马塞尔认为它们属于一种有生命的力量；奇怪的是，马塞尔将它们比作了"灵魂"。他写道："味觉和嗅觉就像灵魂一样经久不散，它们仍然对依稀往事寄托着回忆、期待和希望，它们以几乎无从辨认的蛛丝马迹，坚强不屈地支撑起整座回忆的巨厦。"②

普鲁斯特的回忆理论——接近全力平行于或是逼近现在的过去的某个时刻——长期以来招致了它和柏拉图的回忆说的比较，因为普鲁斯特和柏拉图的作品有惊人的一致的地方，他们都坚持双重结构。单一的感官知觉不足以接近现实，必须有一种操作性的对称物或是深度的维度来使得我们得到真相。根据柏拉图，我们通过回忆过去

---

① 普鲁斯特：《追忆似水年华》，第一卷第 51 页／第一卷第 48 页。
② 同上，第一卷第 50—51 页／第一卷第 47 页。

第三章 穿过记忆褶皱的普鲁斯特

的生活接近这个维度，并且是灵魂的不朽的重生允许了知识和观点的对称领域。《美诺篇》中记载道，苏格拉底宣称："她看到灵魂是不死的，它可以重生很多次并且看尽了这个世界和地下的世界中一切的事物，她通晓一切；因此她应该能够回忆起以前所知晓的一切，这一点不足为奇。"① 苏格拉底用美诺自己的一个奴隶作为例子来证明他的观点。这个奴隶"在苏格拉底的提问而不是命令下，似乎显示了一种几何计算的知识。这个奴隶以前没有学过几何的知识，他只是通过给他提的问题从他自己的内心恢复了这些知识"。② 因此，根据苏格拉底的观点，尽管这个奴隶没有接受过几何学的教育，他却能回忆起几何知识，如果情况是这样，那么这种几何知识肯定不是他此生获得的，而是在更早的时间获得的——"一个苏格拉底所说的在他还没有成为人类的时候"③。那么我们就不能说这种知识属于这个奴隶，而应该是属于暂时包含在奴隶身体里的不朽的灵魂。因此，柏拉图在《美诺篇》中提出灵魂的不朽所预测的成对概念——知觉和回忆的确立，这一对概念由现象（奴隶现在的自我）和永恒（来自灵魂的知识）之间的褶皱构成。那么灵魂从"地下世界"中回忆得来的知识成为感官所感知的不完整和不可靠的知识的一种完全不同的对等物。灵魂的

---

① 柏拉图：《美诺篇》，W.R.M. 拉姆（W.R.M.Lamb）译，马萨诸塞州：哈佛大学出版社，2006 年，第 81 页 c–d。
② 同上，第 85 页 d。
③ 同上，第 86 页。

知识其实是必须独立于奴隶的身体而存在的。苏格拉底认为这种知识一直存在，而不是当这个奴隶成为奴隶时才存在的，甚至在"他还没有成为人类的时候"就已经存在了。那么要想获得知识，回忆的过程决定性地使人远离感觉的领域。

但是根据普鲁斯特的作品，产生深度的双重结构不能由感觉不到的"地下世界"形成；不仅仅是现在这一边的（也就是说不仅仅是作为奴隶的这个奴隶），双重结构的所有结构，必须扎根于感官的世界。不论什么时候马塞尔试图从头脑或灵魂的普遍概念角度理解知觉（就像这个奴隶在沙子中画出了正方形和三角形之后发现了几何学的普遍规律一样），他无法通过经验感觉到他所寻找的深度。的确如此，马塞尔由于理想表征和可感知的表现之间无法弥补的隔阂而遭受的痛苦这个主题始终贯穿于整部小说（例如，正如当他第一次在剧场中看到贝玛的演出时感到失望，或是去参观巴尔贝克教堂时感到失望，抑或是参加盖尔芒特社交圈时感到失望一样）。[①] 例如，对于参观巴尔贝克教堂，叙述者坦白道：

> 我的头脑中远远超出我眼前的复制品的是高高耸立在门洞中的圣母形象。各种变故可以构成对复制品的威胁，却无法企及

[①] 柏拉图：《美诺篇》，W.R.M. 拉姆（W.R.M.Lamb）译，马萨诸塞州：哈佛大学出版社，2006年，第二卷第514页/第二卷第496页。

第三章 穿过记忆褶皱的普鲁斯特

我头脑中的圣母;如果有人将复制品摧毁,我头脑中的圣母却不受任何损伤;她是尽善尽美的,具有普遍意义。现在,我的头脑见到了这个早已为人雕塑过一千次的雕像,对这个雕像外表仅仅是石头,我伸出手臂即可触及,占据着一席之地,还有一张选举布告和我的手杖头做她的对手,都感到惊异。这一席之地与广场连成一片,与主要街道的出口不可分……这向往已久的不朽的艺术品,我觉得她和教堂一样,最终变成了一个小小的石头老太太,我可以量出她的身高,数出她的皱纹了。①

马塞尔非常沮丧地发现他在头脑中所构思的那件"被赋予了普遍价值的"艺术品就像一件石头物品一样微不足道,容易遭受污染的磨损和涂鸦的亵渎。(类似的道理,人们会思考像几何这样富于美感的概念的特定表达是怎样只能让美诺感到失望的,当他看到它在与自己的奴隶的对话中出现时似乎是非常地惊讶。)在巴尔贝克教堂,出现在马塞尔面前的是"特定人的专制统治"。②对于马塞尔来说,石头的可感属性——它的高度和皱纹——将它从"不朽的"艺术王国里抛了出来。

那么在普鲁斯特的作品中,我们可以把这种特点描述成柏拉图

---

① 柏拉图:《美诺篇》,W.R.M. 拉姆(W.R.M.Lamb)译,马萨诸塞州:哈佛大学出版社,2006 年,第一卷第 709—710 页 / 第一卷第 659—660 页。
② 同上,第一卷第 710 页 / 第一卷第 660 页。

的双重结构的失败吗？因为这个教堂的特别之处和马塞尔把它看作一件全世界的艺术品（就像对于美诺的奴隶来说的几何知识一样，这个教堂的表征在马塞尔来之前就已经存在了，而且它的存在独立于马塞尔之外）之间的关系并不能牢固确立深度。作为一个双重结构，它是失败的。这是因为对于普鲁斯特来说，总是可感的世界才是决定性的。只有当可感物通过其他可感物加倍后——只有当马塞尔在这个世界中再次遇到某种事物——才实现了深度感。贝玛的理想形象，当和马塞尔第一次遇见她时的样子对比时，就导致了失望；把理想层面放在经验之上没能起到双重结构的作用。只有当马塞尔第二次去剧院时——当他的与可感世界的第二次相遇和第一次的联系起来时——贝玛的艺术影响才得以实现。对于他来说，回忆的作用——神奇之处——总是在可感的范围内运行。因此，尽管像柏拉图的回忆说那样，是回忆确保了马塞尔一种生活在多重维度的生活感，但它永远不可能是一种在可感世界之前或超越了可感世界的回忆，不可能是作为一种居住在独立的"地下"世界的纯概念的理想的精神表征的回忆（正如回忆说里的回忆一样）。[1] 那么普鲁斯特有趣的地方在于双重结构总是扎根于感官领域的方式。是可感的而不是可理解的是普鲁斯特寻找深度的基础。这就是为什么当叙述者寻找一个隐喻来描

---

[1] 梅洛-庞蒂：《法兰西学院授课主题》，第50—51/71—72页。

第三章 穿过记忆褶皱的普鲁斯特

述回忆的过程时,他认为灵魂(作为记忆的灵魂,有生命的过去)的住所不在于意识领域,而是在"某种物质的物体"中:

> 我觉得凯尔特人的信仰很合情理。他们相信,我们的亲人死去之后,灵魂会被拘禁在一些下等物种的躯壳内,例如一只动物、一棵植物,或者一件无生命的物体,将成为他们灵魂的归宿,我们确实以为他们已死,直到有一天——不少人碰不到这一天——我们碰巧经过某一棵树或是得到了那件物品,而树里和这件物品里恰恰拘禁着他们的灵魂。于是灵魂颤动起来,呼唤我们的名字,我们倘若听出他们的叫唤,禁术也就随之破解。他们的灵魂得以解脱,他们战胜了死亡,又回来同我们一起生活。
>
> 往事也一样。我们想方设法追忆,总是枉费心机,绞尽脑汁都无济于事。它藏在脑海之外,非智力所能及;它隐藏在某件我们意想不到的物体之中(藏匿在那件物体所给予我们的感觉之中),而那件东西我们在死亡之前能否遇到,则全凭偶然,说不定我们到死都碰不到。[①]

这种由偶然相遇而唤醒的往事不能通过智力而得知,因为它存在

[①] 普鲁斯特:《追忆似水年华》,第一卷第47—48页 / 第一卷第44页。

于物体的世界。对于马塞尔来说，那些著名的不自觉的回忆片段——由玛德莱娜点心想起贡布雷，由盖尔芒特院子里不平整的台阶想到威尼斯，由餐巾的僵硬想到巴尔贝克——就是来自这种与物体的偶然相遇。如果一个灵魂没有身体可以居住的话，我们就无法回忆起那个灵魂的记忆。相反地，正是这种身体的记忆确保了这种突然恢复过去为一种开放的维度——诵讨味觉、嗅觉（那些"像灵魂"一样的感官能力）、运动和触觉的回忆。"我们的腿和胳膊充满了迟钝的记忆。"普鲁斯特写道。[1]

因此，对于普鲁斯特来说，一直是身体——而不是像回忆里说的不朽的灵魂——是有记忆的。然而这个有记忆的身体不仅仅是一个物体；它不仅仅是写在肉质上的经验的总和，就像可感的世界不仅在于其中可见的事物一样。我们要考虑的是活着的身体——看（作为主体）同时被看（作为客体）的身体——作为某种运动和渴望的能力的身体——有生命的身体——这种"精神的身体"。[2] 对于梅洛-庞蒂来说，这才是肉身。

肉身，在现在给身体的过去提供一个庇护所，它本身的特征就是"缠绕"的"双重关系"。[3] 肉身有一种成对的特点（可以被感知的和

---

[1] 普鲁斯特：《追忆似水年华》，第三章第 716 页 / 第三章第 699 页。
[2] 梅洛-庞蒂：《可见的与不可见的》，第 221/270 页（原文中加强调）。
[3] 同上，第 146/189 页。

第三章 穿过记忆褶皱的普鲁斯特

可以感知的),它们同时展现了一种开放和变异——深度有一种转变的特点。因此,不能仅仅把肉身看作一种精神添加在身体上或者是记忆添加在感知上的加层。梅洛-庞蒂写道:"肉身不仅仅是身体,它不是物质,不是精神,不是实体。"① 他坚持认为,"我们不能从实体、身体和精神出发来思考肉身,因为那样的话肉身将是矛盾的统一"②。它不在于把两个独立的部分放在一起(身体和精神);它是一个折叠起来的双重结构(精神的身体),这种"反折"在世界的丰富性之上。③ 不是统一,而是转变,是深度维度的开启,是不一致的连接。梅洛-庞蒂写道:

> 甚至不应该说——就像刚才我们所做的那样,身体是由两层构成的,其中的一层,即"可感的"那一层是与外部世界紧密相连的;在它之中没有两个层或两个层面;它本质上既不是被看见的事物,也不仅仅是看者……谈论层或层面,这仍然是在反思的目光下压平和并置活生生和站立着的身体中共存的东西。如果人们喜欢隐喻,就最好说被感觉的身体和正在感觉的身体就像反面和正面,或者像同一次环形行程的两段,在起点是从左到右,在

---

① 梅洛-庞蒂:《可见的与不可见的》,第 139/181 页。
② 同上,第 147/191 页。
③ 同上,第 152/197 页。

终点是从右到左,但是同一运动的两个阶段。①

有感知力的不是放置在可感的之上的;相反,通过肉身"它们之间互有插入和交织",②这就生成了深度和运动的维度("像同一次环形行程的两段,在起点是从左到右,在终点是从右到左")。我们所谈到的不是一个仅仅存在于空间维度的客观的身体。重要的是要强调肉身不仅仅是在世界之中,而且还属于这个世界——世界正是通过表达性的条件而出现的。③梅洛-庞蒂写道:"要想表示它,我们应该会需要'元素'这个旧术语,这是用它被人们用来谈论水、空气、土和火时的意义……肉身在这个意义上是存在的'元素'。不是事实或诸事实之和,而是附着于地点和此时。更进一步,它是什么地方和什么时候的启幕、事实的可能性和对事实的急切需要。"④ 那么,通过肉身,我们所居住的以及我们致力于的空间(什么地点)和时间(什么时间)就产生了。⑤

因此,马塞尔既不仅仅作为身体或是灵魂存在,也不是简单的一层置于另一层之上;他不是置于另一层之上的一层,因为层可以被拿开(例如,就像美诺的奴隶的灵魂可以和他的身体分开)。对于马塞

---

① 梅洛-庞蒂:《可见的与不可见的》,第137—138/179—180页。
② 同上,第138/180页。
③ 梅洛-庞蒂:《知觉现象学》,第167—169/180—181页。
④ 梅洛-庞蒂:《可见的与不可见的》,第139—140/181—182页。
⑤ 同上,第121/159页。

第三章　穿过记忆褶皱的普鲁斯特

尔来说，这些层面是不可以分开的，因为多亏了他们黏合在一起，他才能体验世界的深度。因此，不是灵魂能回忆往事（如回忆说），也不是身体感觉自己记录和保存往事。确切地说，马塞尔对于往事的非凡体验——就像通过玛德莱娜点心想到贡布雷的往事（正如我们所见的，关于这点马塞尔叙述道，"往事的本质不是在我身体里，它就是过去的我"）——揭示了"精神的身体"，因为记忆就恰恰依赖于有感觉能力的和可感的肉身。于是，梅洛-庞蒂所称的肉身不仅仅是空间的肉身，而且肯定也是一种时间的肉身。"那么过去和现在是交织的，每一个包含就是被包含——这本身就是肉身。"梅洛-庞蒂写道。[1] 普鲁斯特在小说的结尾非常清楚地阐明了这一点，叙述者说道："当我想到有这么长一段时间已经被我没有间歇地活过来了、想过来了、分泌出来了，这便是我的生活，这便是我自己，不仅如此，而且还意识到我每时每刻都得保持它与我相连，让它支撑着我，而我刚栖息在它令人头晕目眩的顶峰，不搬动它我自己就无法移动一下，想到此我感到困乏和恐惧。"[2] 这个肉身，"由我分泌出来"就像是一个在蜗牛壳里的蜗牛，它是时间的肉身。[3]

---

[1] 梅洛-庞蒂：《可见的与不可见的》，第 268/315 页。
[2] 普鲁斯特：《追忆似水年华》，第三章第 1106 页 / 第三章第 1047 页。
[3] 梅洛-庞蒂：《知觉现象学》，第 278—279/287 页。

最终，通过把他介绍给希尔贝特的女儿德·圣卢小姐马塞尔才意识到这一点。德·圣卢小姐可以说在她的肉身内承载着时间本来的意义；对马塞尔来说，她体现了他的一生——他一生中所有的爱和风景的分叉和交叉，正是它们构成了他存在的事实。当希尔贝特（德·圣卢夫人）去叫自己的女儿时，马塞尔反思道：

> 即在圣卢夫人朝另一间客厅走去的时候，她那些话使我感到的惊讶和欢乐很快便为那似水年华的观念所取代，就连尚未见过面的德·圣卢小姐都在以她的方式给予我这个观念。况且，她不也像大多数人那样，仿佛是森林中那些星状的交叉路口？好几条道路会合到这些交叉路口，就像对我们的生活而言的某些差别迥然的交点。通过德·圣卢小姐并以她为中心向四周辐射的道路对我来说为数甚多。而通向她的首先便是那两个庞大的"那边"，我曾做过多少次漫步、多少个梦的"那边"——经由她父亲罗贝·德·圣卢所在的盖尔芒特家族那边和经由她母亲希尔贝特所在的梅塞格里丝那边，即在"斯万家那边"。一条道路经过少女的母亲和香榭丽舍，引导我直至斯万，直至我在贡布雷度过的那一个个夜晚，直至梅塞格里丝那边；另一条路经过她的父亲通往我在巴尔贝克度过的下午，在那里，在我一再见到他的阳光灿烂的

第三章　穿过记忆褶皱的普鲁斯特

海边。在这两条通衢大道之间已建起横向岔路。[①]

通过他和德·圣卢小姐的相遇,马塞尔意识到不仅是梅塞格里丝那边和盖尔芒特那边的会合(和贡布雷和巴尔贝克的会合)形成了他过去的风景,而且甚至特别是人和表达的会合形成了他人生的内部风景——他的激情、喜悦和苦难。通过德·圣卢小姐,斯万、奥黛特、希尔贝特和阿尔贝蒂娜,还有凡德伊的音乐和巴尔贝克的埃尔斯蒂尔的绘画作品都连接在一起。这些连接使他的肉身不是一个物体,而是一个活着的有生气的历史。德·圣卢小姐不仅是这两边的化身;她是作为维度的肉身(空间和时间)——作为这种双重结构的开放,通过这种结构生命才变得强烈。难道不是德·圣卢小姐促使马塞尔最终开始写作——成为了叙述者吗?因为在实现和过去的连接时——他所逝去的时光——她的在场将马塞尔释放出来来充当这个角色。通过作为梅塞格里丝那边和盖尔芒特那边的肉身(时间和空间)的德·圣卢小姐,跳出了双重的"我"(马塞尔和叙述者)的整个概念;通过她开启了一个深度结构,它将生成这种表达,即这部小说本身。因此,当他遇到德·圣卢小姐之后,作为叙述者的马塞尔宣告:"时间的概念体现了逝去的但是没有从我们身上剥离的年华,我现在要在我的作品

[①] 普鲁斯特:《追忆似水年华》,第三章第 1084—1085 页 / 第三章第 1029 页。

中尽可能地强调这一点。"①

类似地,梅洛-庞蒂在评论《可见的与不可见的》的写作意图时写道:

> 我们将解释时间的一致性、空间的一致性、空间与时间之间的一致性、它们的组成部分的同时性(空间那里字面意义的同时性和时间那里象征意义的同时性)、空间和时间的交织。我们将讲解我的身体的正面和反面的一致,正是这种一致导致了这样一种事实,我的可见的、像事物一样可触的身体造成了自己看自己,自己接触自己,在这种观看和接触中,它以这样的方式分身,统一,以至于客观的身体和现象的身体相互缠绕、相互侵越。②

这种空间和时间的黏合,就像是客观的身体和现象的身体的黏合一样,要通过肉身才能准确地理解。根据梅洛-庞蒂,存在一种时间的肉身,它不会从空间或者身体上除去,在那里,往事不会被忘记,死去或不存在,而是会在这个世界里保持功效。作为维度,这种时间的肉身会创造条件来使其他所有事情展开并通过深度获得意义。在《可见的与不可见的》研究笔记中,梅洛-庞蒂再次提到了《追忆似

---

① 普鲁斯特:《追忆似水年华》,第三章第 1105 页 / 第三章第 1046 页。
② 梅洛-庞蒂:《可见的与不可见的》,第 117/155 页。

第三章　穿过记忆褶皱的普鲁斯特

水年华》："普鲁斯特：真正的山楂花是过去的山楂花。"① 因为是在回忆梅塞格里丝和盖尔芒特那边的花时叙述者抱怨道："今天人们指给我看我以前未曾见过的花朵，我只觉得不是真花。沿途有丁香花、山楂花、矢车菊、丽春花和苹果树的梅塞格里丝那边，沿途有蝌蚪浮游的河流、睡莲、金盏花的盖尔芒特家那边，在我的心目中永远构成了我乐于生活其间的地域景象。"② 现在他正在第一次体验的——也就是说，那些和他童年的那两边没有联系的体验——缺乏深度；叙述者觉得他所遇到的那些新的花不是"真正的花"。那些过去记忆中的花是真正的花，因为他一直把它们带在身体里——确切地说，不是在他身体里，而就是他自己。它们也是他肉身的一部分，因此，它们也保持着某种功效。它们开启（但是仅仅是在回想时，仅仅在成对之后）一个所有其他经验从此可以依据它而被定位的层面。③ 作为有着山楂花回忆的马塞尔也不能例外。确实，正是过去——他所携带的作为他自己的往事——才加强了现在印象的颜色、活力和力量。叙述者写道："我如今漫游时偶尔还能在田野中遇见矢车菊、山楂树和苹果树，由于它们早印在我的心灵深处，与我的往事相处在同一层次，所以便直接同我的心灵相通。"④ 它们很快触动他，因为他们的意义在马塞尔

---

① 梅洛-庞蒂：《可见的与不可见的》，第 243/291—292 页（原文中加强调）。
② 普鲁斯特：《追忆似水年华》，第一章第 201 页 / 第一章第 184 页。
③ 梅洛-庞蒂：《可见的与不可见的》，第 151/196 页。
④ 普鲁斯特：《追忆似水年华》，第一章第 201 页 / 第一章第 184—185 页。

的肉体内产生深远影响。

因此,时间和空间通过山楂花连接起来——过去的"真正的"山楂花——表明了这种含义,正如梅洛-庞蒂所写:"我眼前的可见的风景不是外在于时间的其他时刻以及过去,并且综合地与时间的其他时刻及过去相连,而是同时地将时刻及过去置于自己之后,置于自己之中,而不是它和它们并列于时间之'中'。"① 因为,作为肉身的时间战胜了这一系列的时间。梅洛-庞蒂写道:"这种'过去'属于一个神秘的时间。"②

因此,在《可见的与不可见的》最后一个完整的章节"交错与交织"(在这一章里梅洛-庞蒂发展了"肉身"这个概念)后,他的研究笔记研究了这种"神秘的时间",正如空间的深度会超过观看世界者所勾画的宽度和广度这些线性维度,时间的深度会是这样,过去、现在和将来这些独立的领域可能会通过它成为一个整体的转化了的维度。于是,梅洛-庞蒂写道:"行为和决定的连续的时间被战胜了,又重新引入了神秘。"③ 他将这种神秘时间想象成一种过去和将来与现在的互相缠绕——正如所有的双重结构一样,这种缠绕不仅会产生分层还会开创深度。也就是说,对于梅洛-庞蒂来说,神秘时间构成了这样一个领域,过去不存在于现在的边界之外,而是作为与现在并

---

① 梅洛-庞蒂:《可见的与不可见的》,第 267/315 页(原文中加强调)。
② 梅洛-庞蒂:《讲座主题》,第 130/179 页(根据译本修改)。
③ 梅洛-庞蒂:《可见的与不可见的》,第 168/220 页。

第三章 穿过记忆褶皱的普鲁斯特

存的一个唯一的姿势而存在,作为现在的反面或是看不见的一面存在,因此作为一个现在的深度的维度而存在。不像我们在日常生活中所做的那样体验这种时间,"根据这些维度——已经不复存在的过去,还未到来的将来,和完全存在的现在,神秘时间提供了一种深度,通过这种深度,某些开始的事件保持一种持续的效力"①。过去和现在是不可分离的;确切地说,它们真正地互相交织或是互相侵越。在此"某些事件"在现在保持一定程度的效力,正如我们所见的普鲁斯特看到山楂花的经历一样。但是这并不是让我们通过一个随意的线性的时间流来理解它们。梅洛-庞蒂小心地让我们注意这些事件的"开始";它永远都不是一个起源——一个永恒的开始。它不是在时间之中,而是属于时间的——它就是时间。有一个神秘的过去,它通过侵越现在而被知道——这个过去不是在现在旁边,而是在现在之下或是之后。正如过去的真正的"山楂花"一般,这个"开始"只是在回想中通过双重结构的方式(互相缠绕)——通过神秘时间的深度维度建立起来。梅洛-庞蒂将这种动态活动描述为"真理的倒退运动"。②

于是,没有起点,确切地说,有的是运动。我们已经注意到,在修正他的肉身概念暗示的空间性时,梅洛-庞蒂写道:"如果人们喜欢隐喻,就最好说被感觉的身体和正在感觉的身体……就像同一次环形

---

① 梅洛-庞蒂:《可见的与不可见的》,第 24/42—43 页。
② 同上,第 189/240 页。

行程的两段,在起点是从左到右,在终点是从右到左,但是同一运动的两个阶段。"① 时间的肉身提供一种操作性的不一致,开口或者运动的分化。② 正是因为这个原因,梅洛-庞蒂才经常用积极的词汇来描述肉身——通过交织和互惠。因此,如果梅洛-庞蒂的哲学像他所宣称的那样是一种肉身的哲学,我们就必须认真对待他表达出的愿望,他想要发展"一种揭示它自身是一种重叠或运动"——不仅仅作为一种(空间上的)对称物,而且也是(时间上的)一种节奏。梅洛-庞蒂写道:

> 我们有一些经验,也就是说,一些思想感受到了经验、思想后面它们所思考的空间、时间和存在本身的分量,它们因此在自己的目光下既未持有一个连续的空间、时间,也未持有系列的纯观念,而是在其四周拥有一个重叠的、增殖的、侵越性的、杂乱的时间和空间——持续的孕育,持续的分娩、生成性、普遍性、原初本质、原初存在。它们是同一本体论的中心和关键。③

这种"本体论",这种深度的运动:除了是节奏还能是什么?这"双重公示"——"双重运动"——属于肉身的时间:除了是节奏还

---

① 梅洛-庞蒂:《可见的与不可见的》,第 138/179—180 页。
② 其实,梅洛-庞蒂强调的是"运动是肉体的。"同上,第 257/305 页(原文中加强调)。
③ 同上,第 115/152—153 页。

第三章 穿过记忆褶皱的普鲁斯特

能是什么？因为节奏表达了过去、现在和将来的连接和侵越。

难道这不是为什么音乐作为一个双重结构是如此的重要，贯穿《追忆似水年华》全书？（为什么它在《可见的与不可见的》最后一个完整章节里被大为尊崇？）梅洛-庞蒂声称，音乐给我们时间的肉身本身。正如绘画没有可以辨别出的物体、没有事物的表皮，却表现出了它们的肉体一般。①

---

① 梅洛-庞蒂：《可见的与不可见的》，第218/268页。

第四章
德彪西：寂静与共鸣

> 音乐是意义的典范，是寂静的典范——语言则由此般寂静而生。
>
> ——梅洛-庞蒂《未发表的音乐笔记两则》

哲学的启迪
The Rhythm of Thought

　　对于马拉美来说,诗歌源自一种原始的音乐性,即透过某种"关系之中的节奏"①所表达出来。因此,当马拉美得知德彪西欲将《牧神午后》改写成音乐时,他表示否定。因为他认为,自己已经在诗歌中创造了音乐。尽管如此,他还是(据说十分不情愿地)接受了参加德彪西《牧神午后前奏曲》的首场钢琴再现曲演奏会的邀请。毫无疑问,他很清楚德彪西向他分享着某种艺术的感知力,因为彼时的德彪西也经常往来于诗人和艺术家的圈子。在这些艺术家中,就有经常在马拉美家做客的马蒂斯。在那里,德彪西可能在某个周二的夜晚,与詹姆斯·惠斯勒、克劳德·莫奈、奥古斯特·罗丹、奥斯卡·王尔德或者保尔·瓦雷里等人为伴,而这一过程,自始至终是马拉美掌控着整个局面。德彪西在圈子里的地位也是令人毕恭毕敬的,即便他是一位比马拉美年轻两岁,且在当时还是个没有名作压身仍在奋力求生的

---

① 麦康比:《马拉美与德彪西》,第 24 页。

第四章 德彪西：寂静与共鸣

音乐家。在多年后的那场犹如被命运安排的钢琴演奏会上，德彪西这样形容这位"大师"的反应："马拉美将苏格兰格子呢披在肩上，看起来活像一位占卜师，他认真地听着音乐，隔了一阵持久的寂静之后他说道：'我原本没有预料到能听到这样好的音乐！这首曲子延伸了我诗歌中所蕴含的感情，还把比任何色彩都富有生命力的景致召唤了出来。'"①

至此，通过德彪西的记述，可以推断出马拉美意外地对作品十分满意。确实如此，马拉美在《牧神午后前奏曲》交响乐版首演之后，寄给了德彪西一首他的签名版诗歌，并在上面题诗道：

> 若世林中人，
> 汝笛伺赋鸣。
> 静听笛波辉，
> 德君予其音。②

最终，在给德彪西的信中，马拉美写道："真是精彩绝伦！你对《牧神午后》的描绘和我的文本完全一致，除了它的意境更加悠远而

---

① 罗杰·尼科尔斯：《德彪西书信》翻译版，剑桥：哈佛大学出版社，1987年，第75页。
② 简·F. 芬奇（Jane F. Fulcher）：《德彪西、马拉美和马蒂斯》，载于《德彪西和他的世界》，罗斯玛丽·劳埃德（Rosemary Lloyd）译，普林斯顿：普林斯顿大学出版社，2001年，第255页。光与波的概念对于梅洛-庞蒂有着十分重要的意义，我们在下文中将对此进行探讨。

真实,在追忆的光辉里,还带有一丝精妙、不安和浓烈的气息。"①

在马拉美给德彪西的文字中最令人感到震惊的是,他们对深度有着共通的意识——而这种深度不仅在马拉美的作品中有所体现,也出现在普鲁斯特和塞尚的作品中。"追忆的光辉"运用了双重结构,一个是时间结构(正如梅洛-庞蒂所写的普鲁斯特作品中的回忆),另一个是空间结构(如梅洛-庞蒂写塞尚的可见光)。音乐的"巧妙"与"局促",它的运动和变化,还有它的强烈性与使马拉美诗歌富有特色的,梅洛-庞蒂关于多维度生成的描述不谋而合。确实,这就像德彪西可以对音乐性、节奏性赋予准确的表达一样,梅洛-庞蒂也如此对这三位艺术家的作品给予了评价,尤其是马拉美的诗歌。

从某种意义上说,起着至关重要作用的正是德彪西对于寂静的表达运用。这种先于乐曲之前的寂静成了乐曲的一部分——是它,而不是长笛的声音,成为节奏开始时的第一事件。马拉美也在自己的作品中强调过寂静的作用;就像我们在第一章所读的一样,寂静是以印刷中"空白"的形式在纸上显现的。德彪西在其作品《骰子一掷》(于1897年出版,值得注意的是,这是德彪西前奏曲原作发表的三年后)所做的前言中说道,他的诗歌容许有一种外来的影响,这影响就是在音乐会上听到的音乐,人们从中找到了好几种我认为是属于文学

---

① 简·F. 芬奇(Jane F. Fulcher):《德彪西、马拉美和马蒂斯》,载于《德彪西和他的世界》,罗斯玛丽·劳埃德(Rosemary Lloyd)译,普林斯顿:普林斯顿大学出版社,2001年,第256页。

第四章 德彪西：寂静与共鸣

的方法，我把它们重新要回来。① 马拉美和德彪西所共享的是如这般，对于使表达与之涌出的那种不一致和寂静的艺术接受度（这也分别在他们后来的作品中体现了出来）。

确实，正如人们也会毫不犹豫地谈及当时音乐性诗歌（如理查德·施特劳斯的作品）一样，德彪西的《牧神午后前奏曲》绝不是对声音的模仿和代表，因为它并不是一种衍生品，而是相对于诗歌来说"有着更深远的意义"（马拉美写给德彪西）。它并不描述文字或者叙述诗歌，而是与诗歌产生共鸣，且扩大了诗歌本身的独创性。"这些仙女，我欲使她们永存"——她们到底是艺术家的欲望，还是所表达的含义本身？② 因此，我们可以说，《牧神午后前奏曲》相对于一种模仿，更像是诗歌的叠加体，它既体现了诗歌的深度，也展现了牧神真实的梦想和欲望。

这种区别——不一致性——之于诗歌和《牧神午后前奏曲》来说，强调了被限制于印刷品的艺术（诗歌），和随时间运动的音乐之间的对立。时间确乎掌控了我们欣赏音乐作品的方式。听音乐的时候，是不可以回查、重读，或者在时间线上倒回的。每一瞬间的独特

---

① 马拉美：《骰子一掷》，第 123/456 页。诗人这样写道，关于"外来的影响，这影响就是在音乐会上听到的音乐，人们从中找到了好几种我认为是属于文学的方法，我把它们重新要回来了"。
② 斯特芳·马拉美：《牧神午后》，亨利·温菲尔德（Henry Weinfield）译，伯克利和洛杉矶：加州大学出版社，1994 年，第 38 页。《作品全集》，亨利·蒙度（Henri Mondor）和 G. 让-奥布里（G. Jean-Aubry），巴黎：伽里玛出版社，1945 年，第 50 页。在诗歌首句，诗人所写法文原文为 "Ces nymphes, je les veux perpétuer"。

性，过去事件的不可重述性，都意味着于音乐流动之中的重复之于形式的展开是至关重要的。确实在音乐中，由于对于记忆的运用，所以形式只有在乐句和乐部围绕自己所展开的时候存在。音乐描述了某种时间性的深度。然而这并不意味着我们在听到第二个乐句之后，就对其和刚结束的第一乐句二者之间做出一个比较。我们之所以以某种方式认定第二乐句就是第二句，是因为它的双重性引发了更多的思考。它打开了永不以点线面的形式为特征的情绪的共鸣。就像两个开启了对于深度的想象的两个分离的立体画面，从而使乐曲以一整个乐句的维度突然重复两次。音乐的重复由于时间的流动，总是呈现出不一致。它开创了深度，同时很多伟大的音乐作品也多层次地塑造了这种深度。基于这样的思考，音乐的推进和含义便是不可分割的了。

的确，音乐正是以此种方式传达了梅洛-庞蒂在他的作品中所表达的"神秘时间"的概念。至此，当我们在梅洛-庞蒂的概念上，询问什么是作为"神秘时间"启蒙的"开始"的时候，我们必须要问，音乐，或者明确地说，《牧神午后前奏曲》到底是怎样开场的？

*

很明确的是乐曲并不是以 C♯ 开始的。开场旋律——是一段由音符展开的长笛单音。然而，将音符定义为乐曲的开端是不充分的。

第四章　德彪西：寂静与共鸣

一方面，是因为音符是长笛固有的，且存在于气息中。气息，在音调发出之后流露，无声地创造了节奏，从而使整个乐曲得到构建。而节奏——这种存在于气息之间的关系，其标记在总谱上的节拍和小节线上都没有相似性。人们在乐曲开始所体会到的——二连音三连音转换的停止符——是外部世界的生命通过气息，通过长笛银黑色的单音进行变换，以及人们对管乐器的引导和修正，进而形成的一系列共鸣，校准和加强的效果。这样，仿佛空气本身的合并便形成了声音。所以，开场的气息，就如同C♯的音调，是起到第1小节开头的作用的。

例4.1　德彪西，《牧神午后前奏曲》，第1—4小节，长笛。

另一方面，定义C♯是乐曲的开端是不充分的，因为音符在乐句中是根本不会随意变动的，它只会不稳定地自我显现。早在乐曲的反复出现之前，人们是根本无法听出乐曲是以C♯开头的——在这种情形之下，第2小节中出现了到C♯的下降，然后又恢复到了C♯的模式。这样的旋律便是阿拉伯风格曲。在已经出现回环的情况下，又出现了一个示意此指令为乐曲开场的重建的过程。第1小节和第2小节之间微妙的区别在于它们声音中的时间差，使得第2小节可以延续第

哲学的启迪
The Rhythm of Thought

1小节中的情感表达；不管其含义多么模糊，第3小节随后的主旋律也可以通过 C♯，向 E 大调（乐曲整体的音调）的方向展开（人们可以在第3小节的结尾听到作为 E 大调全阶第五音的 B♮，第4小节 A♯调的旋律开始之前，而这也颠覆了普遍的观念）。第2小节中 C♯ 的开场，就像是第1小节一样，而且它不仅给予了第1小节力量，还表明了其向上提升的创造力。

长笛以 C♯ 的开场也是一样，它看起来既过于拖沓又十分冒进，进而无法构建昂扬的开头，或者说一个极好的独立开头。这已经就像是"神秘时间"里提到的开场一样，"是一场未来的退化运动"，梅洛-庞蒂如是写道。《牧神午后前奏曲》中由寂静到运动的转变是由双重结构实现的。声音并不绝对是寂静的对立面，但始终与其息息相关。气息的迸发形成歌曲，曲调的重复逐渐积累着之中的情感。内外世界共同由透过长笛的气息所展现出来，这之中的交缠也是活灵活现。过去与现在的重叠也凭借主旋律的重复得以体现，其节奏融入其中。音乐的生命力深植于它所延伸出来的情感之中，并且由其不停地交错和缠绕而焕发光彩。

德彪西的整首《牧神午后前奏曲》是由一系列的双重奏展开的。这样的特性赋予音乐表达以多层次的维度。双重奏在乐曲的前30小节就显露了出来，并创造了可以进行自我折叠的具有深度的开端。而它的旋律直到第30小节的节奏出现才停止，所以我们将着眼于开场

第四章 德彪西：寂静与共鸣

前 30 小节，即号的乐旨（第 4 小节至第 10 小节），双簧管和弦乐部（第 17 小节至第 20 小节），以及最后的长笛的旋律。或许，在对这 30 小节的分析之后，我们可以更好地去理解德彪西给予我们的开场。

在第 4 小节的木管乐器和竖琴进入第二拍后，我们听到了乐曲的第一段和声。接着长笛的声音逐渐模糊（A♯降半调第七和弦），焦点开始聚集于管弦乐器的上声部（双簧管和单簧管）。木管乐器和竖琴的演奏既没有缓和开场旋律的紧张气氛，也没有将其推向新的高潮。小号的第一次响起犹如长笛一般，通过人的气息产生共鸣，并使音色也多了一份金子般的饱满。第 5 小节以一种柔和的切分子引入了更加广阔的音域（F-B♭-A♭），第三低音号角的切分子随后附和，从而于节拍之中实现了停顿。就像长笛的旋律有了自己的想法一样，它如此集中于半、全音程之中，又与之紧密配合，直至 C♯ 小调第七和弦轮廓与第 4 小节中的木管乐器和竖琴慢慢结合，进而分崩离析（在不顾及第 5 小节小号手势的情况下）。第 5 小节，同样，在低音乐器和低音弦乐（大提琴和中提琴）逐渐减弱的背景下进入 B♭。可以确定的是，B♭ 与长笛旋律尾声时的 A♯ 是相通的（也称等音变换），但却以一种全新的音色令人耳目一新。那是一种结合丰富色彩的非凡瞬间，是由低音乐器组成的圆润又洪亮的世界，也是由先前的节拍（如等音变换一样，在五度音环上由升调转降调）上的 A♯s 和 G♯s 转变的 B♭s 和 A♭s 所主导的时刻。至此，在第 6 小节又出现了静止——长达一整小节的静止被记录在乐谱中。

此刻,音乐已经出现了很多变化(仿佛就像通过一系列和谐的巧合后,乐曲开始像万花筒一样旋转),接着出现了一段间隔——阿拉伯风格曲进行中的暂停。乐曲要继续——回归到音符的缠绕之中。处于停顿的第 6 小节,因此便开始了双重奏。短暂的骤停后,第 7 小节延续了第 4 小节的曲调,但是现在却少了小提琴和木管乐器的声音的和音。又一次,小号在切分停顿后,展露了它宽广的音域,第三小号的声音在 B♭ 第七和弦饱满的低音部的基础上开始萦绕。小号的旋律直到第 9 小节才结束,余音持续了一会儿接着在第 11 小节缓慢地回到 D 大调上(同样,也位于五度音环的升调部分),长笛随即回归。

在第 6 小节的寂静中,展现了德彪西通过音乐描述不一致性的深度所达到的成就。在给一位朋友的信中,德彪西在作曲风格的方面这样评价道:"我利用天然的,抑或说是对我来说不那么常见的手法,也就是以寂静(不要笑)作为表达的媒介,或许这是情绪被真情实感地表达出来的唯一方法。"① 因此第 6 小节并不完全是一个"空白"的小节,它唤起了寂静,而这样的寂静也使表达涌现,进而情绪也在这样的不一致性中迸发而出。通过开场的这些小节——尤其是第 6 小节的寂静——完成了对整首乐曲的构想。

---

① 劳埃德:《德彪西、马拉美和马蒂斯》,第 265 页。

第四章　德彪西：寂静与共鸣

例 4.2　德彪西,《牧神午后前奏曲》,第4—11 小节,交响乐。

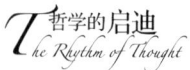

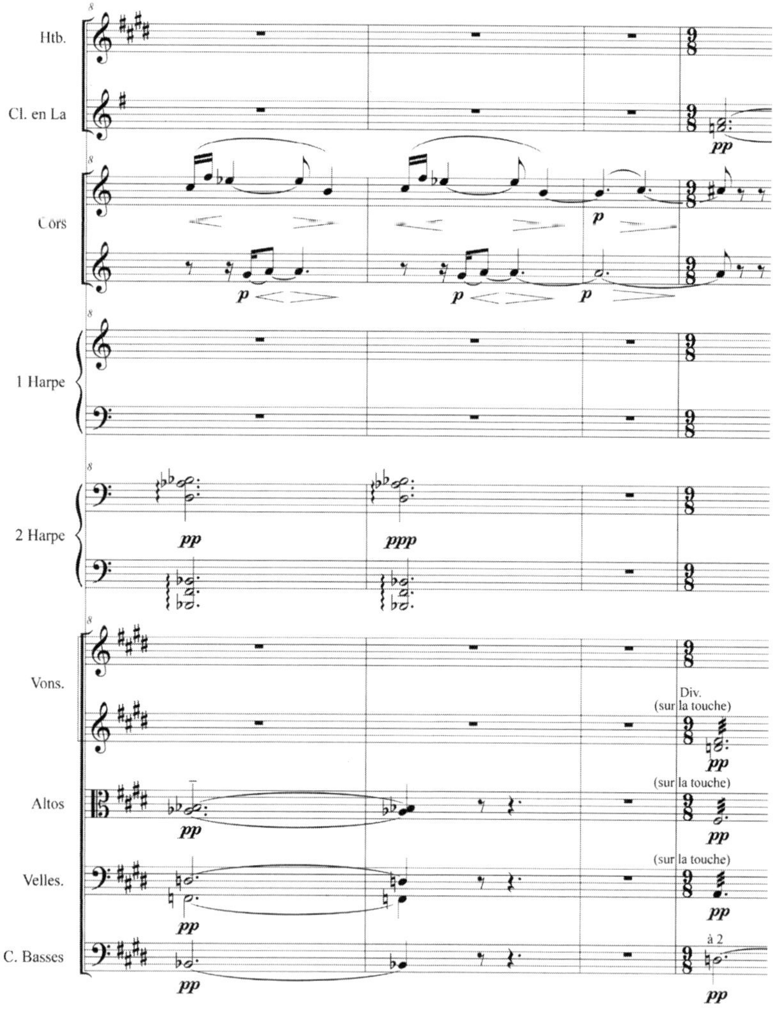
Htb.
Cl. en La
Cors
1 Harpe
2 Harpe
Vons.
Altos
Velles.
C. Basses
Div.
(sur la touche)
(sur la touche)
(sur la touche)
à 2
pp
ppp
p

第四章 德彪西：寂静与共鸣

当然，我们只是在回顾长笛重新以阿拉伯风格曲进入第 11 小节的时候，欣赏到了这样的变化。然而这时，旋律并不与小号的宽广的音色（相反是在合色音阶中移动）相连，而是通过演奏双簧管而形成一个转折，在第 17 小节开启了一段全新的旋律。这里的双簧管由长笛的 $A\sharp$ 不断升调，使主旋律大为增色。和声也不再是第 5 小节的 $B\flat$ 第七和弦（在那样的背景下显得有些过于黑暗和丰富）了，而是 $A\sharp$ 第七和弦的等音变换，通过 $C_\times$ 到 $D\sharp$，$A\sharp$ 到 $B\natural$ 的半音转换以及 $E\sharp$ 部分减弱的第七和弦来回浮动（在第 19 小节结束）。就好像，在第 17 小节，第 5 小节的 $B\flat$ 第七和弦的音色由冷峻转为明亮（如小号变成双簧管），和声也从饱满变为清亮（如从第 5 小节的五度音环降调转变为第 17 小节的升调）。$A\sharp$ 第七和弦向 $E\sharp$ 渐弱第七和弦和声的这种转变，发生于第 17 小节结尾，并接着在第 18 小节重复。第 18 小节，因此与第 17 小节相互关联，强调了和声的变换浮动，同时也体现了——渐弱的小提琴的第一段旋律转为双簧管——这样的重建所增添的额外的音色。这样就使双簧管芦苇般的声音更加悦耳，音乐也首次达到了动态层面上的强音。乐曲就是在这里拉开序幕，扩展进而形成回响。$B\flat / A\sharp$ 的声音作为双重奏（从第 5 小节到第 8 小节，以及第 17 小节到第 18 小节），开始意识到了创造力产生的无限可能。

那么，长笛阿拉伯风格曲在这些管弦乐器中到底是如何迂回前进的？我们已经提到，开场长笛是囊括了它自身的内在双重奏（也就是

根据第 1 小节和第 2 小节的重复），但它也作为整体以结构双重奏建立起自己的功能：它的重复提供了一种音乐的深度——新的和音、音色以及音乐形象。紧跟着第 5 小节号的响亮音色的 B 在第 79 小节音，长笛如法炮制地进行了重复，但除了——因为任何重复都需要包括这种变化创造的新的内涵——以弦乐伴奏的新和音（D 大调）和伴奏提供的清晰的节奏停顿。第 21 小节，紧跟着第 17 小节至第 19 小节浮动和音以及双簧管明亮的旋律，以 C♯ 小调第七和弦为基准，标志着长笛阿拉伯风格曲的又一次重复。此处长笛的旋律有了新的变化，在 C♯ 小调上摆动接着落脚于音高 A，也就被视为一段音乐插曲的开始，这段插曲在升到 C♮ 后，落在第四音阶上。它以等音变换的方式，在第 26 小节的强拍上将 B♯ 引向 C♯，从而开始了另一段阿拉伯风格曲。

最后的阿拉伯风格曲的第 2 小节，也就是在第 27 小节，实现了形式的转变，开始在第一和第二段长笛的交替中围绕着三全音的式调上升或下降，直至这两段长笛的旋律同时在第 28 小节升调并交错在一起。同样，这也是他们缓慢地以 F♯ 第 9 和弦的三连音进行降调，最终引向第 30 小节 B 大调的位置。不断下降的长笛声与 F♯ 和 B 之间强烈的调性关系为曲调增添了力度——这也就是整部乐曲的第一部分。

可以肯定的是，我们每次听到的阿拉伯风格曲都是不一样的，不

第四章 德彪西：寂静与共鸣

例 4.3 德彪西，《牧神午后前奏曲》，第17—19 小节，交响乐。

仅因为随着时间的推移产生了自身的质的变化，也因为新的音乐元素的参与。然而阿拉伯风格曲却不能简单地得益于不同旋律与和音的罗列；相反，这就好像阿拉伯风格曲的每次重复都能引出另一层次的深度，抑或是另一层次可能的表达。因为长笛的旋律包括自己内在的双重奏，而这样的双重奏也拥有着创造的能力。在每一段阿拉伯风格曲重现，看起来都是在双重奏向前跳跃的瞬间，随着旋律自我的展开打开了一个新的维度。我们就是这样理解发生在第 22 小节和第 27 小节的变奏的（作为对第 2 小节或是双重奏最初旋律的回应）。这样的重复是具有创造性的，它不仅仅体现在再造力上，而是将每一阶段引入一个起到重要结构作用的和音域：第 23 小节的 B 调第九和弦引向第 26 小节的 E 调（以完美五度降调的方式推进），第 28 小节的 F♯ 第九和弦转向第 30 小节的 B 调（如上文所提到的，是一个以完美五度降调的形式的变化）。

因此在《牧神午后前奏曲》中，我们体会到了梅洛-庞蒂"神秘时间"的概念，如我们所看到的，"'开场'的特定事件涵盖了一种持续的效力"。[①] 这样的"开场"不能被准确定位于长笛的独奏，第 5 小节的和音，第 6 小节的寂静，第 17 小节的结尾和弦，甚至是第 30 小节的音调上。这些作为开场的时刻仅仅在回顾中呈现出它们的意义；

---

① 梅洛-庞蒂：《可见的与不可见的》，第 24/42—43 页。

第四章 德彪西：寂静与共鸣

例 4.4 德彪西，《牧神午后前奏曲》，第 21—25 小节，交响乐。

哲学的启迪
The Rhythm of Thought

第四章 德彪西：寂静与共鸣

例 4.5 德彪西，《牧神午后前奏曲》，第 26—30 小节，长笛和弦乐器（省略其他木管乐器和竖琴）。注意在第 28 小节长笛的三重转调，它和第 22 小节中的中提琴和大提琴伴奏相关联。

它们"持续的效力"并不让自身突出,因为它本应重视演奏效果,却又赋予了演奏技巧同样的地位。在"神秘时间",开场从中间出现;它并不发起事件——它只是通过事件展开。梅洛-庞蒂写道:"当听到动听的音乐时,我有一种乐章的开始和结束相呼应的印象,且这种呼应将同时与未来和过去相融合。"[①] 过去、现在和未来共同为《牧神午后前奏曲》编织了一个富于表现力的世界。

确实,长笛阿拉伯风格曲贯穿整首乐曲,而不仅仅是其前30小节。它又以第79小节的长笛(将小三音度调换至E调)和第86小节的双簧管(由渐弱三音度和弦转向E)清晰可辨地进行了回归。在第94小节,长笛在其原始音高(也就是 C♯)上演奏出了旋律。这标志着音乐形式中的一个重要的结构事件。从那一刻起到乐曲的结束,阿拉伯风格曲一直都存在:在第100小节的双簧管,第102小节的大提琴(以片段的重复的形式),第103小节的双簧管以及最后第107小节的减弱的小号。这些乐器的音色——长笛、双簧管、小号——共同引出了乐曲的开头(第1小节至第30小节),也在此时,阿拉伯风格曲第一次出现。重复的表达性确保了整首乐曲所体现的深度;旋律回环而返,进而造就不一致性的重复。

这样,乐曲的开头和结尾相呼应。乐曲的最后小节,即第110小

[①] 梅洛-庞蒂:《音乐笔记两则》(*Two music notes*),第18页。

第四章 德彪西：寂静与共鸣

例 4.6 德彪西,《牧神午后前奏曲》,第107—110 小节,交响乐。

节，以回低音弦乐器以下降强拍的八分音符拨奏曲，来代替一整小节的寂静。此处的寂静回应了乐曲开场时的那个通过气息被转化为银色调的长笛单音的寂静。确实，乐曲是不可能以 E 大调的最后拨奏曲结束的。每一场表演、每一次录音——都保持了最后一小节及其之后的一种特定的共鸣。它远不只是可以听得见的音调，还是一种可以感受到的，富有表达意义的寂静。

乐曲结束时的寂静和开场的寂静之间的区别在于其不同的表达和变化。因此，如果我们再一次提问，乐曲到底是从哪里开始的，那么回答《牧神午后前奏曲》的开场由它的结尾，或者说它极具表现力的结尾和弦而来，就不显得荒谬了。既然这样，当我们感觉到和声的最后一段即将消散而去的时候，难道我们不应该（正如普鲁斯特富有激情的读者惯常去做的那样）再次回到开场的小节——去重新品味长笛那清脆的音调吗？

第五章
塞尚和风格的建立

> 对于艺术家来说,作品总是一个尝试。对于历史来说,绘画作为一个整体是一个开始。
>
> ——梅洛-庞蒂《建制与被动》

我们已经在德彪西的作品中听到线条——在他的情况里是旋律线——通过沉默开始运动。因为音乐运动源于个别的音符、乐句或一首曲子的所有部分。在这种音乐中,线条尽管是单音的,它永远都不是一个平面的:它通过神秘时间的维度,揭示了人们可能称为表达的深度的东西。

在视觉艺术中,线条能够取得同样大的成就吗?在一幅铅笔画或是油画中,线条的传统功能似乎是包含功能。它的作用是使物体在界限内,似乎轮廓事实上是一个物体的财产:这个物体自己固定末端或是开始。这个线条有界定物体和广阔空间之间的边缘的作用。这种物体似乎是以这种方式被放置到了空间内部,但不是属于空间。这个线条把物体从威胁着要包裹它的空间中分离出来。

然而,在塞尚的作品中(正如德彪西的作品一样),没有轮廓鲜明的边线,没有有限的边界,没有固定的轮廓。线条是自由的。它现在的功能不是包含广大的体积;确切地说,线条起到了隔膜的作用,

第五章 塞尚和风格的建立

某种深度或是体积通过它而向周围扩散。例如，在《四浴女》中，画面右边的浴女从胸到脚的深蓝色线条似乎按压在并开启了她所趋向的空间；大量的蓝色和绿色围绕在周围，环绕着她整个大腿。就像她所出浴的水面中的一个生物一样，她的身体表达了一个流动的体积，并且她左边和腿部的流线在阴暗的树林的蓝色氛围中共鸣。似乎正是为了实现某种深度，塞尚不能将空间和浴女严格地隔离开，而是必须让他们互动——让他们交织在一起，属于彼此——正如浴女自己吸气和呼气，呼吸着空气中的液态物质。因此，从浴女身体的肉身反弹回来的深蓝色线条就像是活着的组织一般。这些线条不是标记着空间的"末端"；确切地说，它们唤起了肉身和空间的某种混杂。浴女的感觉没有在边缘停止；它作为一个溢出到空气中未见的水蒸气中的维度存在着。正是这一点——线条作为深度的开始而不是表面的开始——才能被称为在塞尚的作品中提供了一种表达的力量。

例如，在《牛奶罐与水果静物》中，塞尚不仅勾勒出盘子和水果的轮廓，而且画出了几条不同色度的蓝色线条，似乎每个线条都是大提琴的琴弦在颤动。在这种线条的共鸣中，没有空间的边缘和开端；体积和形状通过油画布上的物体形成它们自身——正如德彪西《序曲》中的阿拉伯风格曲唱出了自己一般。因此，梅洛-庞蒂写道："在塞尚的油画中有一个正在浮现的序列的印象，一个在我们眼前出现和

哲学的启迪
The Rhythm of Thought

图 5.1 塞尚,《四浴女》,作于 1888—1890 年,帆布油画,收藏于哥本哈根新嘉士伯艺术博物馆

第五章 塞尚和风格的建立

图 5.2 塞尚,《牛奶罐与水果静物》,作于 1905 年,帆布油画,收藏于华盛顿美国国家美术馆

组织自己的物体的印象。"①

正如一个音乐作品的形式不通过绝对开始或结尾而进行,而是作为一种神秘时间的表达,通过多层褶皱来创造自己一样,塞尚作品中线条的重复参与了某一种深度。梅洛-庞蒂说明:

> 以同样的方式,围绕着物体的线条所构成的物体的轮廓不属于可见的世界,而是属于几何学。如果一个人用连续的线条勾勒出苹果的形状,他使形状成了客体,而这种轮廓确切地说是理想的界限,苹果的边在深度上向它后退。不是要暗示任何形状会去剥夺物体的身份。去描绘仅仅一个轮廓牺牲深度,在这个维度中,事物不是被展开而是作为一种充满了储备的不可枯竭的现实呈现在我们面前。这就是为什么塞尚遵循用调制的颜色表现物体的增大和用蓝色表现几种轮廓。②

这"几个蓝色轮廓"有在油画布上产生节奏的效果,通过它的中心出现塞尚作品的风格。这些线条和它们的节奏有没有给《牛奶罐与水果静物》中的水果,特别是盘子某种体积——某种特别的运动? 这些线条似乎施加一种力量,通过这种力量,物体的颜色和形式

---

① 梅洛-庞蒂:《塞尚的疑惑》(*Cezanne's Doubt*),第65/20页。
② 同上(原文中加强调)。

第五章 塞尚和风格的建立

聚集起整个空间。因此,在塞尚的作品中,线条再一次从中间开展,它没有将空间的深度从物体上分离,而是作为它们借以连接的工具。正如沉默的间隔将节奏清晰发出的音符捆绑在一起,塞尚油画布上的线条不是"一个肯定的特征"或者"一个物体自身内部的属性"。它是一种否定性的;它提供了一种开口,通过这种开口空间聚集起来并且进行自我组织。

的确如此,塞尚的这些"蓝色轮廓"不会使我们着迷,如果不是因为它们能够清楚表达出画家在油画布上提出的那个问题:如何表达无时无刻不在召唤我们的可见世界的多产性?这个问题不仅吸引了我们的注视,而且需要一个完整的回答。因为我们也是浴者,吸进和呼出所在空间内的液态成分;我们也是笛子演奏者,将一列沉默变成银铃般的阿拉伯风格曲。对于我们来说,这个世界的奇怪性和"不可枯竭的现实"不是就在那里,是分离的,似乎我们每个人都守卫着一个我们的肉身和世界的肉身之间的清楚划分。我们的每一个手势——我们的呼吸——重复着这个地球的丰富性。因此,艺术家不是通过模仿这个关键的节奏进行创作,而是通过和它的某种共鸣:一种会成为可感的另一面的创造性表达。艺术起到了双重的作用——一种世界深度的测量手段。梅洛-庞蒂写道:

事物在我的体内有一个对应物;它们在我体内引起一个它

们在场的肉体的公式。为什么这些对应不能反过来引起一些再次可见的痕迹,在这些痕迹中其他人的眼睛能够发现一个潜在的主题来支撑他们对这个世界的监督?因此,出现了对第二种力量的"可见物",是第一种力量的肉体的本质或是象征。它不是一个褪色的版本,一个错视画法,或是另一个物体。拉斯科洞窟壁画上的动物与裂缝和石灰岩地层不是以同一种方式存在的。在别处它们也不同。这向前推,那向后拉,被墙上他们熟练使用的大团颜色所支撑,它们没有打破不易见到的锚具就向墙壁周围散发出去。我会被催促着说出我正在看的画在哪里。因为我不像一个人看一个物品那样看它,注视着它所在的位置。我的注视在它的范围内闲逛,就好像在存在的光环里一样。我根据它或者和它一起看,而不是看见它。①

因此,画家正是动用视觉来重复成艺术;正是缠绕在一起的可感的世界、混乱的个体需求这种双重性。也许在重述绘画的起源时,老普林尼错了:也许第一个画家没有将她爱人映在家里墙上的影子描下来。第一位画家,从肖维-蓬达尔克的山洞到塞尚的画布,没有表现她的线条和样式的姿势,仅仅为了去捕捉一个侧像,一个真正爱人的

---

① 梅洛-庞蒂:《塞尚的疑惑》(*Cezanne's Doubt*),第 126/22—23 页(原文中加强调)。

第五章 塞尚和风格的建立

相似物。第一位画家实现了其他方式从未实现的东西——一个"肉体的本质",或者正如梅洛-庞蒂在《可见的与不可见的》一书中所写的:"一种可能性,这种可能性不是现实的影子,而是现实的原则,不是思想带来的东西,而是思想的条件,一种样式。"

这种样式,不是作为这个世界的影子或者模仿,而是作为它表达性的原则,它通过肖维-蓬达尔克岩洞壁画中的马、狮子和其他生物的表面上的运动和活力展示出来。在希莱尔室里的群马图,它的特色是一头多线条的野牛,这些线条勾勒出它的后腿和蹄子,末端洞室里的犀牛图,它的独角是用许多短线来表示的,非常精彩的是这些重复的线条产生了一种动物运动的感觉。正如塞尚画作中蓝色的轮廓线一般,人们可以感受到一种视觉空间,它分泌自己时间和空间的节奏,也可以感受到一种艺术技巧,它试图表达维度的神奇和可感世界的溢出。同样地,当塞尚用几条而不是一条蓝线来描绘水果的曲线或是浴者的伸展时,他不仅仅是在对摆放在他面前的物体的景象做出回应,而是通过笔触对一个视觉和可见性的交织做出回应,"出现了对第二种力量'可见的'东西"。他画的不是影子,也不是模仿物,而是整个的艺术形式。他那辐射的蓝色线条起到了共鸣的姿势的作用,因为它们的回复,它们的重复,开启了一个维度的世界,一个空间和时间的世界。正如我们在肖维-蓬达尔克岩洞的犀牛图上所见,我们将这种重复感受成一种活力或是运动,正如沐浴者跨过空间,或是一盘子水果突出在桌边。我们看到了不在那儿的一些东西,然而恰恰是根据在那儿的东西看到的:颜料、比例和质地。

线条的运动是什么呢?线条的重复,"蓝色的轮廓"不能实现一种真正的时空上的实体错位,即使它要在观看者的注视中激起眼睛的运动也不行。这种运动纯粹会是模仿的,正如眼睛会追随屏幕上移动的一系列光一样。这种模仿的运动不是通过肖维-蓬达尔克岩洞中的画像或是塞尚的浴者变得在场的那种运动。因为,正如梅洛-庞蒂所说,这件艺术品不是像岩洞里的墙壁或是油画布的质地那样"在那儿";它不是一个"削弱了的复制品"或是仿制品。这件艺术品引出了一种具体的运动,即一种共鸣的运动,一种运动的深度。它不是一个模仿的问题,而是一个连接可见的和不可见的问题。这种不可相容的对接(也就是说,所见的与未见的对接或是现在的与过去的对接)引发了运动(在时间和空间上)。① 在《眼与心》的一个重要段落里,梅洛-庞蒂写道:

> 罗丹说过,产生运动的是一种图像,在这个图像里,双臂、双腿、躯干和头,每个部分都是在不同的瞬间看到的,因此,图像就是身体在任何时刻都不曾有过的一种姿态里赋予身体以形象,

---

① 梅洛-庞蒂:《眼与心》,第145/79页。

第五章 塞尚和风格的建立

图像还把一些虚构的配合强加在身体的各部分之间,好像这种不可相容的对接能独自在青铜和画布上产生出运动的过度与持续来。一个动作的那些独自完成了的瞬间,在当行走着的男人或女人在其双脚落地的时候,被人取镜头的时候,是那些接近这种自相矛盾安排的瞬间:因为那个时候,人们差不多有了身体的时间性普遍存在,正是这种普遍存在使人跨越空间。画面通过它的内在的不一致性,让运动被看出来;一个肢体的位置恰恰因为它与其他肢体的位置,从身体的逻辑来说不能相容,因此它是以另外的方式来被推定时间的。而且,由于一切都明显地保持在一个身体的统一当中,正是身体在超越时间。[①]

身体(正如罗丹雕塑里,艺术品本身)超越了空间和时间因为它的作用是通过它"虚构的配合",即"互不相容的"连接起来。因此,这样一个作品似乎显示了运动;运动就是不一致性的连接。它不是朝向另一个空间位置的运动,也不是向另一瞬间的运动。没有永恒的运动,没有在一物和另一物之外的运动。人们必须通过肉身来考虑这种运动:"通过一种反折"的运动(正如我们关于深度所见的)。在这里有一种通过中间进行的可见的演奏,正如阿拉伯风格曲中的音乐表达

[①] 梅洛-庞蒂:《眼与心》,第 145/78—79 页(原文中加强调)。

一样;它通过不是揭示而是共鸣的原则来起作用。的确如此,梅洛-庞蒂在《眼与心》中写道,绘画是"一种没有位移的运动,一种通过振动或辐射的运动"①,即一种通过不一致性的连接而从自身中出现的运动。正如乐器响亮的弦一样,这一切都作为共鸣而完成。正如梅洛-庞蒂所写:"绘画寻求的不是运动的外表,而是运动的密码。这里有比罗丹所说更精妙入微,更难以捉摸的东西。一切肉身,甚至是世界的肉身,都是从它自身向外辐射的。"②

正如罗丹谈论雕塑中的运动一般有说服力的,画家塞尚转而去调查雕塑家在大理石和青铜中不会关注的东西:塞尚转向了颜色。"绘画在深度、空间、颜色的名义下面,寻找的就是这种内在的生机,这种可见物的辐射。"③因此,所有的深度、空间和颜色必须被理解为一种通过互不相容的连接而出现的辐射,一种共鸣。这就是为什么对于梅洛-庞蒂来说颜色在塞尚的作品中是如此的重要。然而,正如运动的问题一样,画布永远不能简单地提出一个模仿的颜色的问题;绘画考察颜色的深度。梅洛-庞蒂写道:"因此,这不是关于颜色的问题,即'自然颜色的幻影',而是颜色的维度,即那个从其自身到自身创造了同一性、区别性、一种组织结构、一种物质性和某一件东西的维度。"④

---

① 梅洛-庞蒂:《眼与心》,第 144/77 页。
② 同上,第 145/81 页。
③ 同上,第 142/71 页(原文中加强调)。
④ 同上,第 141/67 页。

第五章 塞尚和风格的建立

也就是说,塞尚所追求的是一种颜色风格,一个颜色的肉体的本质,而不是仅仅作为物体的一种属性的颜色。它不是别的东西的仿制品;它是它自身,是"某个东西"。它"从其自身到自身",正如运动的共鸣一般。

然后,通过互不相容的连接,颜色以一种奇怪的方式成了梅洛-庞蒂所描述的"可感的普遍性"的象征,这种普遍性不能从世界的特殊性中去除,而是会作为以一种变形的维度通过这种特殊性而出现:作为肉体的本质或风格的普遍性。梅洛-庞蒂写道:"然而颜色的这种特性,黄色的特性,这种普遍性并不是矛盾,而是整体的感觉性本身:颜色,黄色正是通过同样的特性既作为某个存在、一种维度,也作为一切可能存在的表达。"根据梅洛-庞蒂的观点——多亏了这种特别的("作为某种存在")和普遍的("作为一个维度,每种可能的存在的表达")的连接,颜色才能呈现给我们事物、森林和暴风雨,简言之——这个世界。①所以正如我们不能这样看待线条一样,我们也不能把颜色看作一个物体的属性;它作为一个辐射而出现。在《可见的与不可见的》一书中,梅洛-庞蒂写道:

> 赤裸的颜色,更一般地说可见的颜色,不是一块硬邦邦的不

---

① 梅洛-庞蒂:《眼与心》,第 133/43 页。

哲学的启迪
The Rhythm of Thought

可分割的绝对存在,赤裸地呈现给只能是总体的或不存在的视觉,而更多的是外部和内部界域之间某种总是敞开着的隘口,是前来轻触有色的或可见的世界的不同区域并使它们在远处产生回响的某种东西,是这种世界的某种改变和转瞬即逝的细微变化,较少的是颜色或事物,较多的是颜色与事物之间的区别,是颜色的存在或可见性的短暂凝结。在所谓的颜色和可见之间,人们将发现联系二者、支撑二者、供养二者的组织,但这种组织不是事物,而是事物的可能性、潜在性和肉身。①

颜色(像运动和深度一样)导致一种"瞬间结晶化",也就是说,一种从中间起作用的连接。它唤醒一种转换的视角来看待世界;它"来轻轻触碰并使彩色的或是可见的世界的多个地区在远方产生回响"。然后,从画布的颜色中出现的不仅仅是作为一个物质的物体而属于画布的某个东西(因为它是"一种可能性、一种潜在性和一种物体的肉身"),所出现的是一种表达的风格:一件艺术品。当然,塞尚晚期的绘画显示了这一点,尤其是那些圣维克图瓦山的画作。

据估计,以圣维克图瓦山为对象,塞尚一共画了9幅油画和17幅水彩画,其中多数是在1902—1906年画的。然而,将这些画布放在一

---

① 梅洛-庞蒂:《可见的与不可见的》,第132—133/173页(原文中加强调)。

第五章 塞尚和风格的建立

起,它们不能构成一个在不同的日光和季节参数下系统地探索一个单一的主题的系列(像莫奈所画的鲁昂大教堂);这样一个有自我意识并且认真控制的方法并不能暗示塞尚绘画的精神。确切地说,人们能感觉到这些绘画从画家的冲动中浮现出来,即风景的"肉体的本质"的某种需求,只有塞尚才能对它做出回应。① 一份历史记录描述了这位老画家去世前几周,受晚期糖尿病所累,全然不顾 10 月寒冷强劲的北风,挣扎着爬上陡峭的山坡,这个记录构成了一个叙述,这个叙述围绕着他的绘画本身所显示的东西,即询问的风景。② 这些赭色的、绿色的和鲜艳的紫色的竖直的色彩线条构成一种节奏,一种自我形成的空间风格。③ 没有物体被放置在远和近、大量的和广阔的空间边界内;正如我们所能观察到的尤其是关于那些似乎是没有被画家画完的画布,这些风景都同时聚在一起。这些树木、平原、房屋和山峰都结晶化了。绘画发出回响;不像一个乐句的阿拉伯风格曲,它通过自身构成和声。梅洛-庞蒂写道:

只有一件事情能让画家开始动手画画:风景的整体性和绝

---

① 梅洛-庞蒂:《眼与心》,第 129/31 页。
② 科尼兹比和库塔涅:《普罗旺斯的塞尚》,第 289 页。
③ 劳伦斯·高英(Lawrence Gowing)写道:"塞尚所画的一片一片的图案不代表色彩的物质或方面或变体。它们本身不代表任何东西。是它们之间的关系 —— 类同和对比的关系,色阶上从一个色调到另一个色调的变化,从一个色阶到另一个色阶的调节 —— 与对世界的理解同时发生。这些色块的意义在于它们之间的并置与对齐。"科尼兹比和库塔涅:《普罗旺斯的塞尚》,第 287 页。

对的充实性,也就是塞尚所说的"主题"(motif)……人们所看到的部分的景象必须被结合在一起;眼睛的多种用途所打散的必须被统一起来;正如盖斯奎特(Gasquet)所说:"必须将自然游走出去的手结合在一起。""世界上一分钟的流逝必须被完全真实地画出来。"他的冥想会突然达到极致,塞尚会说:"我能控制我的主题。"他会解释说既不能把风景处理得太高也不能太低,风景要被活生生地捕捉在一张网里,什么都逃不出去。然后他开始同时画这幅画的各个部分,用色块来包围他原来用炭笔勾画的地质框架。这幅画就呈现出充实性和密度;它在结构和平衡中成长;最后似乎是在一瞬间达到成熟。①

正如音乐的运动本身,将风景结合在一起成为"一种可能性、一种潜在性"的主题不是一个物体。对于在后来这些绘画中的塞尚,不是实际的有形的石灰岩而是无法捉摸的若隐若现的圣维克图瓦山确定了整个风景的方位,正如德彪西的《序曲》中长笛的旋律一般。

的确,塞尚画山的方式是非凡的:一方面,他控制画布的颜色为深蓝色和紫色。关于这种颜色的选择,塞尚本人曾经说过:"对于我们人类来说,当需要将足够数量的蓝色引入我们以红色和黄色为代表的

---

① 梅洛-庞蒂:《塞尚的疑惑》,第 67/22—23 页。

第五章 塞尚和风格的建立

光的振动中,以此来给我们一种空气的感觉时,自然与其说是表面,不如说是深度。"① 然而,那种蓝色——那种深度和"空气的感觉"——不知为何并没有使山退到背景中。另一方面,尽管它的距离遥远,这座山对风景施加了一种拉力。对于塞尚来说,圣维克图瓦山不只是一种示意,它是一种主题,不仅画布上的元素围绕着它安排,而且似乎整个绘画的问题也围绕着它来进行。也就是说,在一幅幅的画作中,难道不是同一座山在画布上宣告自己吗?然而对于塞尚来说,它本来就不可能是一样的;对塞尚来说,这座山召唤一种重复,一种新的景象。它永远都不会被它的表达所穷尽,正如德彪西的《序曲》中的阿拉伯风格曲,对于这个主题来说,没有绝对的开始或终止。圣维克图瓦山,这座"艾克斯省的坚硬山岩",除了通过中间的,即通过回响之外无法持续。梅洛-庞蒂写道:"艺术不是模仿,也不是按照本能或良好品位的愿望而生产出来的东西。它是一个表达的过程。"② 圣维克图瓦山要求塞尚的正是这个过程,一个只能通过艺术家创作许多不同画布来浮现的过程。

"我们将他的作品称为对他来说仅仅是一个尝试,一种绘画的方法。"梅洛-庞蒂写道。③ 我们所能称呼他的作品的,即绘画的物质生产,对于塞尚来说不是一个结束;每一幅作品被创作为一个和可感世

---

① 科尼兹比和库塔涅:《普罗旺斯的塞尚》,第 287 页。
② 梅洛-庞蒂:《塞尚的疑惑》,第 67—68/23 页。
③ 同上,第 59/13 页。

图 5.3 塞尚,《从雷罗威小镇看圣维克图瓦山》,作于 1902—1904 年,帆布油画,收藏于费城艺术博物馆

第五章 塞尚和风格的建立

界的更为整体的相遇的瞬间结晶。因此，这幅作品的总和不是在任何单独的画布或是一些画布上决定的。确切地说，它是延伸过了所有的画布的作为一种定位、一种回响或者一种风格的某种东西。然后包含在某种物质的对象中的画家的表达也不比音乐多；作为一种只能在回溯中决定的风格，他的作品通过这些画布连接，但是以某种方式又超越了这些画布。①

因此，像音乐家被迫花时间演奏一个作品一般，艺术家不知道什么在画布上或是什么将会在画布上被作为表达，也就是一直到他画画才知道。"艺术家将要说的意义不存在于任何地方，不在还没有意义的事物中，也不在艺术家本身，不在他未表达出的生活中。"② 只有在回溯中它才出现，因此画家每时每刻都为了创作一个特别的画布而做出必要的选择。③ 在《塞尚的疑惑》中，梅洛-庞蒂写道："每一笔都必

---

① 梅洛-庞蒂写道："我们怎么知道我们在绘画中做出了什么？我们不是偶然工作的。然而，绘画艺术的整个领域，和对于每个画家来说，他的绘画领域，不是真正给定的。历史是回溯性的，变形，在这种意义上，画家不知道他们在制作中。然而，每个画家重新发现绘画的全部，正如每个生命发现所有的生命一般。"梅洛-庞蒂：《建制与被动》，第 41/78 页（原文中加强调）。
② 梅洛-庞蒂：《塞尚的疑惑》，第 69/25 页（原文中加强调）。
③ 在一个冗长但是重要的篇章里，梅洛-庞蒂写道："一架摄影机曾经用慢动作记录了马蒂斯的作品。他们说它给人的印象如此地惊人，以至于马蒂斯本人都被打动了。人们用肉眼看上去，同样的画笔从一幕跳到另一幕，在一个庄严的扩展的时间里冥想——在世界的创造的迫切里——去尝试十种可能的运动，在画布前跳舞，轻轻地画几笔，最后像雷击一样重重画下必要的一个线条。当然，在这个分析中有一些人造的东西。如果他相信这个电影，相信他真的是在那天所有可能的线条之间做的选择，正如莱布尼茨的神一样，解决了最大与最小的巨大难题的话，那么他就错了。他不是一个造物主；他是一个人。在他的心目中没有所有可能的姿势，在他做决定的时候，他不用排除所有而留下一个。正是慢动作列举出这些可能性。有着人类的时间和视觉设定的马蒂斯看到他正在创作的作品的整个开口，将他的笔刷移向正在召唤它

须满足无限的条件。塞尚有时会在下笔画某一笔之前左思右想好几个小时,正如勃纳尔(Bernard)所说,是因为每一笔都必须'包括空气、光线、对象、构图、人物、轮廓和风格'。表达存在的事物是一项没有尽头的任务。"[1] 这个任务是没有尽头和困难的,因为每一笔不仅表达出它自己的技术参数——颜色、质地、形式,而且会改变整体的构成。因此,绘画不是从概念到执行的线性进行,似乎它只是用各种色度的颜料来填充某些轮廓。艺术品不是被提前决定的;艺术家不追求一种预先构思好的想法直到它的技术表现结束。[2] 相反地,仅仅是多亏了"执行"才能使一个人回顾过去,将像"概念"的任何东西指称为一种确认,即经过艺术过程中的"模糊的激情","曾经有某些东西而不是没有东西想要说出来。"[3] 至于音乐,我们称为开端的可能通过

的线条,为了使绘画最终成为正在进行中的作品。他借助一个简单的姿势解决了这个问题,在回溯中这个问题似乎暗示了无穷数量的数据……然而,马蒂斯的手确实犹豫了。因此,有一个选择,被选中的线条是以这样一种方式被选中就是为了观察散落在画布上的除了对马蒂斯以外的任何人几十种非公式化的甚至是不可公式化的条件,因为它们只是被执行前那种还不存在的特别的画的意图所定义和强加。"梅洛-庞蒂:《间接语言》,第 82—83/73—74 页(原文中加强调)。

[1] 梅洛-庞蒂:《塞尚的疑惑》,第 65—66/21 页(原文中加强调)。
[2] 正如梅洛-庞蒂所告诉我们的,在艺术表达这件事上,"'概念'不能先于'执行'。在艺术表达之前,除了一种模糊的激情之外,别无他物。而只有被完成和被理解了的作品本身,才能证明曾经有某些东西而不是没有东西想要说出来。因为艺术家回到了沉默和独处的经历的根源处,回到了所有既往文化和思想所意欲理解的根源处,所以他提出他的作品,就好比一个人第一次讲话"。同上,第 69/24—25 页(原文中加强调)。这和兰波写给保罗·德莫尼(Paul Demeny)的著名书信有共鸣,参照第一章注释:"因为我是别人。如果铜管乐器作为号角唤醒大家,就不能责备它。这些都很清楚:我在周围谋划我的想法;我看它,听它;我射一箭;交响乐在深处隆隆作响,或是完全成形地跳上舞台。"兰波:《作品全集》,第 366 页。
[3] 梅洛-庞蒂:《塞尚的疑惑》,第 69/25 页(原文中加强调)。

第五章 塞尚和风格的建立

结尾来被了解。因此，对于回溯中的观看者来说每一个笔画都似乎是导致一个作品的逻辑结论的单一选择，事实上这每一个笔画都对艺术家指出了开启的永远开放的过程，因为在画这一笔时，这个作品的结局还没有被确定。的确如此，不是"结局"只对艺术家隐藏了起来，等着被发现；而是除了通过创造性的再集中和超越每一个开启之外"结局"就无法进化。① 艺术总是需要被完成的。梅洛-庞蒂写道："每一部分都在整体上产生回响，引起一种偏离，这种偏离要靠其他部分来补偿。不能说选择，而是有必要说劳动。这些选择是'萌芽'这项劳动的痕迹（塞尚）（伴随着自然，伴随着其他绘画）。每个选择通过继承绘画而重塑了绘画。每幅作品通过继承真正的绘画作品来重新创造一位画家的整个作品。"②

因此，对于画家和绘画历史来说，所运行的不是一种线性的序列，而是一种"地下的逻辑"。③ 梅洛-庞蒂将这种逻辑描述为"建制"④，即有一种"开放意义，通过增殖而发展，沿着曲线、离心和回到

---

① 梅洛-庞蒂否认表达的过程会完全被偶然性和环境所决定。他警示道："然而，绘画不是一种绘画逻辑；我们发现这个结构是回溯性的（和暂时的）；我们不知道它将意味着什么。"梅洛-庞蒂：《建制与被动》，第 44/82 页。
② 同上，第 47/86 页。
③ 同上，第 77/124 页。也就是说，它是一个深度的逻辑。
④ 梅洛-庞蒂这样描述关于建制这个概念他所欠胡塞尔的债："胡塞尔用这个极好的词 —— 建立（Stiftung），即建立（foundation）或建立（establishment），来指每个现在无限的丰富性，就是因为它是独特的并且转瞬即逝的，所以它永远不会停止已经存在和正在普遍地存在；但是首先来指称一种文化的产物的丰富性，这些产物出现之后继续有价值，并且打开一个调查领域，在这个领域中，它们在知觉上再次恢复了生命。"梅洛-庞蒂：《间接语言》，第 96/95 页。

中心位置、折线和模糊不清的线路发展,在整体和部分之间、开始和结束之间有一种同一性的发展。一种借助自我演绎的存在的永恒"。[1]因此,建制根据一种深度的时间维度而起作用。它需要的不是一种开始和结束之间的绝对相同,不是一种绝对的一致,而是正如我们必须强调的,"一种同一性……一种存在的永恒"。有深度,一种"开放意义",即一种通过不同的转变。建制是这样一种过程,通过它不一致的犹豫、方法、试验和生产连接成一个超越了每一个瞬间的含义;这是一种运动、一种辐射、一种召唤的回响。正是通过建制艺术表达才实现为风格。

梅洛-庞蒂在总结他关于建制的课程时,澄清道:

> 因此,通过建制,我们在此指的是那些赋予经历长期维度的事件,那些与其相关一整个系列的其他经历才会有意义的事件,将会形成一种可思的序列或是历史,或者这些在我心中放置了一种意义的事件,不仅仅作为存活下来的某个东西或是残余物,而是作为去追随的召唤,一种未来的要求。[2]

然后,从塞尚的劳动中出现的不是被局限在一个单一画布上的东

---

[1] 梅洛-庞蒂:《建制与被动》,第48—49/87页。
[2] 同上,第77/124页。

第五章 塞尚和风格的建立

西,而是一种回荡在他的全部作品中的"去追随的召唤"。在这个意义上,塞尚与圣维克图瓦山的重逢就成为他画作风格的一种标记。在人们不再看见的就不必再次被继续这样的限度内,我们可以想象一位画家停止了画画,一位爱人不再有,或者一位音乐家不再演奏乐曲的感觉。相反地,风格从必须被重新开始的事物中出现。因此,在风格的建立中没有起源的中心点,而是有"开始和继续。"[①] 梅洛-庞蒂继续写道:"风格超越了它简单的存在,在这方面它被所有其他的表达的努力所联合或是事先暗示。"[②] 这种同时是开始又是继续的风格,即一种"实现暗示"的回溯性运动,一种深度的连接,这种风格就是节奏。

并且我们知道,节奏的核心就是沉默。

然而,人们可能会问,既然对作品的任何理解只能在回溯中形成(也就是说,只有当对于作品的创作停止了),那么通过风格的建立这个概念,我们是不是不能将一个生命的作品或者其实是一个生命看作是不完整的(也就是说,否定意义上的沉默),或者甚至是无意义的?艺术家塞尚或是哲学家梅洛-庞蒂的作品的价值难道仅仅是靠某个糟糕的最终作品来决定吗?即使一种死亡追溯地获得一个意义,并且同时确保这种表达行为的结束,那么作品的意义仅仅是被这种死亡来决定的吗?而且,这就是我们必须如何去理解生命中,即我们的工

[①] 梅洛-庞蒂:《间接语言》,第 105/110 页(原文中加强调)。
[②] 同上。

作、历史和爱情中的建制过程吗?我们是不是总是仅仅从一个沉默的存在的空壳中运行?梅洛-庞蒂写道:"我们之所以是人类,就恰恰是因为在一定限度内我们总是在生命的厚度中意图追求一种独特性,在一定限度内我们聚集在这种独特的内部周围,这里什么都没有,潜在地、含蓄地从我们中逃走的,总是在我们手中留下像是不在场的痕迹的真相。"① 难道我们永远不能掌握在中心的东西吗?有没有不是在中心的?

---

① 梅洛-庞蒂:《胡塞尔现象学的界限》(*Husserl at Limits*),第 29/34 页(原文中加强调)。

第六章
普鲁斯特:寻找真正的阿尔贝蒂娜

> 将需要对事实与本质,现实的与理想中的区分进行彻底地再处理。
>
> ——梅洛-庞蒂《胡塞尔现象学的界限》

哲学的启迪
The Rhythm of Thought

当马塞尔最初看到阿尔贝蒂娜时,他只是在巴尔贝克海滨休养胜地看到了"波涛映衬下的侧影"。① 于是,从最开始,她就被有效地缩减到了一个没有深度的实体——仅仅是一个剪影,就如同人们可以在画室里勾勒出的一样。也许就是由于这最初的经历才使马塞尔明确表达了他渴望和阿尔贝蒂娜恋爱,因为在他人生接下来的几年中,他一直在追求她,他相信他会拥有她的(就像拥有一件物品一样)。但是,马塞尔面临着越来越大的困难,通过每一次接触——因此,通过每一个回忆——他发觉她获得了另一个有深度的维度;"那个曾经被大海映衬出的身形轮廓变大了,丰满了"②。普鲁斯特在《囚徒》的一个著名段落里描述了这种困难的性质,马塞尔通过比较他们第一次在巴尔贝克相遇和第二次在海边小住后对她感觉的变化,思考了阿尔贝蒂娜深度的扩张——正如阿拉伯风格曲长笛演奏中的反复一样:

---

① 普鲁斯特:《追忆似水年华》,第三卷第61页/第三卷第67页。
② 同上,第三卷第63页/第三卷第69页。

第六章 普鲁斯特：寻找真正的阿尔贝蒂娜

在这两幕迥然不同的巴尔贝克场景中间，有着一段地点在巴黎、时间长达数年的间隔，其间点缀着阿尔贝蒂娜一次又一次的来访。我是在一生中的两个不同的时期，它们对我来说意味着一生中两个不同的阶段，见到阿尔贝蒂娜的，因而我感觉到，那些见不到她的日子，那段漫长的时间，实在是很美妙的，我面前的这位玫瑰似的人儿，在时间的透明背景上塑造着她那带着神秘影子的、立体感很强的形象。这种立体感，不仅是由阿尔贝蒂娜在我脑海里的一幅幅不同的影像，而且也是由她在智力和心灵上的众多优点以及性格上的某些缺点，叠合在一起而形成的，这些优缺点，是我事先不曾知道的，是阿尔贝蒂娜把它们作为一种胚芽，一种自我繁殖的棵苗，一种肉质丰厚的深暗色株体，加进一个先前几乎并不存在，如今却已深不可测的个性中去的。[1]

于是，马塞尔在记录他和阿尔贝蒂娜关系变化的性质时有一点讽刺的感觉：他认识她的时间越久，她对他来说就越是一个谜。她不再是一个剪影，而是一个立体的形象，有她自己的"影子"——那些她存在的抗拒让马塞尔知道的区域。在上面的段落里，叙述者立刻就抓

---

[1] 普鲁斯特：《追忆似水年华》，第三卷第63页/第三卷第68—69页。

住了这种双重结构存在的原因：数年的"间隔"。因为，尽管这些年对阿尔贝蒂娜性格的发展增添了一个关键维度，但是同时它们对马塞尔提出了强大的挑战；它们在他不在的时间里展开意味着他永远都不能掌握它们对于阿尔贝蒂娜的意义——也不能理解它们对她产生的影响。

但是，不仅是他无法拥有阿尔贝蒂娜一生中他不在的那些年，甚至当他们在一起时，这个"间隔"或是空白的概念延伸到了他和她之间关系的核心。马塞尔经常感觉到她在躲着他，不仅仅是因为她对他说了谎并且对他隐瞒了她生活中的一些方面。作为一个有深度的生物，阿尔贝蒂娜的影子的一面是构成她的存在的一部分；她的某个方面总是隐藏起来不为马塞尔所知的。他不可能同时看到阿尔贝蒂娜所有的方面，因此当她出现在他面前时，他总是觉得自己面对着多种多样的她的存在。他只能看到一部分的她——从不同的方面所看到的也不同。这种困难的一个典型例子是当马塞尔终于第一次成功地获得阿尔贝蒂娜的吻时的精彩描写：

> 我想不出能有什么比这样一个吻更美妙，能使一个我们认为具有确定外表的东西变化出千姿百态，而每一个新姿态都和原来的姿态一样合适，因为它们各有一个同样是合理的透视角度。总之，就像在巴尔贝克海滩我常看见的阿尔贝蒂娜的千姿百态那样，现在，当我的嘴唇凑近她的脸颊时，刹那间，我看见了十个

第六章 普鲁斯特：寻找真正的阿尔贝蒂娜

阿尔贝蒂娜，仿佛要把一个女人在同我们多次约会中向我们呈现的丰富多彩的姿态和色彩以神奇般的速度在几秒内全部展现出来，再次体验到一个人的千变万化，把这个人具有的各种可能特征从不同的箱子里取出来那样，一个一个地全部取出来。这个少女就像一个多头女神，我刚看见一个头，如果我试图接近它，它就会让位给另一个头。①

因此，马塞尔一直所渴望的这个吻并没有使他如愿拥有阿尔贝蒂娜；相反地，他几乎不知道他已经亲吻了她。在这个段落结束时，马塞尔告诉我们："根据这些令人讨厌的迹象，我知道我终于在亲吻阿尔贝蒂娜的脸蛋了，可是我却还是没有品尝到我渴望已久的玫瑰花的滋味。"② 他在第一次亲吻时感到失望，感觉这个吻并没有给他带来他所渴望的玫瑰花的滋味，显示出他更加彻底的失败，他没能拥有阿尔贝蒂娜的多样性，她的外表、她的行为和她的情感。每一次他都被带入阿尔贝蒂娜不同的一面，赌注被增加了；因为马塞尔清楚地感觉到，为了使他对她的爱变得真实，他必须彻底地了解她。他必须拥有她，不能有任何一个关于阿尔贝蒂娜的方面是他所无法得到或知道的。普鲁斯特写道：

---

① 普鲁斯特：《追忆似水年华》，第二卷第 378—79 页 / 第二卷第 365 页。
② 同上，第二卷第 379 页 / 第二卷第 365 页。

我意识到爱情是撞在不可能性这堵墙上了。我们以为爱情的目标就是这么一个存在,它安睡在我们面前,寓于一个躯体之中。可是,唉!爱情却是这个存在向它在空间和时间中曾经占据或将要占据的所有那些地点和瞬间的扩张。如果我们没有掌握它与这个或那个地点、这个或那个时刻的联系,我们就没有占有它。然而我们是不可能触摸到所有这些地点和瞬间的,倘若这些地点和瞬间都是一一指明的,或许我们还能设法去摸到它们。可是,我们只是四下瞎摸,结果一无所获。这就发出了怀疑、忌妒和痛苦的困扰。[①]

因此,马塞尔试图拥有阿尔贝蒂娜的努力只能被描述为痴迷,因为他努力去"触碰她生命中所有的点"。他秘密地把她藏在家中做他的情妇,确保她在经济上可以依靠他;他不娶她;她被关在他家中有效地阻止了她被其他男人追求的可能性。然而,这还不足以平息马塞尔内心的忌妒(因为他怀疑阿尔贝蒂娜不仅与男人而且与女人也有关联)。为了知道她一整天所有时间的活动,他请了他们两人共同的朋友安德烈来帮忙,她向他报告阿尔贝蒂娜的活动。而且,偶尔他

---

① 普鲁斯特:《追忆似水年华》,第三卷第 95 页 / 第三卷第 100 页。

第六章 普鲁斯特：寻找真正的阿尔贝蒂娜

别无他法，只能派弗朗索瓦丝或是其他信使去打断阿尔贝蒂娜的计划（作为一种确认她地点的方法）并且叫她回家。而且马塞尔不断地询问阿尔贝蒂娜本人——她的行为、她的动机和她的渴望。如果他不能看到阿尔贝蒂娜的一切生活完全透明地摆放在他的注视之下，他就无法休息，似乎他就是真正的观看世界者。[1]因此，他想要把阿尔贝蒂娜的多种形象结合起来，弄清楚她的"纯粹本质"。[2]但是马塞尔的工作是令人筋疲力尽的，因为他所瞥见的每一种变体必须被举起来和另一种形象比对。而且，为了证实阿尔贝蒂娜本质的真实性，马塞尔自己就必须属于本质的顺序中。然而，作为一个实体化的主体，他不能把自己设定为一个纯主观性的形象，在这个形象前本质将会被确定；他不是一个观看世界者。[3]因此，他承认他是在追求不可能的目标：

---

[1] 正如我们在第二章所见，观看世界者这种方法是根据一种脱离了世界的理想系统而运作的。梅洛-庞蒂写道："如果我是观看世界者，我的至高无上的注视能看到位于它们各自时间和空间中的每一事物，作为处于唯一地点和时间中的绝对个体的每一事物。因为它们都是从它们自身的位置加入到同一意义中的，人们被引向去构想另一种维度，它是这种平面的多样性的横切面和没有地点性和时间性的意义系统。"因此，马塞尔寻找这种"没有地点性和时间性"的能够揭示阿尔贝蒂娜纯粹的本质的"横切面"。梅洛-庞蒂：《可见的与不可见的》，第113/149—150页。
[2] "一种完全没有被事实污染和干扰的纯本质只能来自总体变化的尝试。如果我们想确认没有任何东西被偷偷地引入其中的话，它将需要有一个没有秘密和潜在性的旁观者。"同上，第111/147页。
[3] 关于排除这些与本质没有直接关系的东西的问题，梅洛-庞蒂问道："然而在这些排除之后所剩的是否必定属于这里涉及的存在呢？为了证明这一点，我必须俯瞰我的场域，终止或至少激活沉淀在我的场域周围——首先是我的时间和身体——的所有思想，这不仅对我来说是事实上不可能的，而且将使我完全失去世界和存在的深度的一致；没有这种深度一致，本质就是主观的疯狂和傲慢。于是对我来说就有一种非本质的东西，有一个区域，有一个凹陷，在其中聚集了那些不是非本质的和不是不可能的东西，对我来说就没有一种决定性地将本质的本质性给予我的肯定的观看。"同上，第112/148—149页。

哲学的启迪

"我虽然可以让阿尔贝蒂娜坐在自己的膝上,双手捧住她的脸,可以在她身上随意抚摸,但是,我手中仿佛在摆弄着一块含有太古海洋盐量的石块,或者是一颗天星的光亮。我感到,我触摸到的,只是一个人的封闭的外壳,而人在其壳内却可以恣意妄为。"[1]确实,马塞尔唯一能够感觉到拥有了阿尔贝蒂娜的时候不是当她属于本质的序列中时,而是当她睡着时被缩减到一个实体的身体时。[2]他所追求的作为拥有的替代手段的这种感觉,与纯粹本质截然相反,而是平面和没有维度的。因为那时他像研究一个物体一样研究她;事实上,他把她的存在等同于了一个植物的存在:

> 合上眼睛,意识蒙眬之际,阿尔贝蒂娜一层又一层地褪去了人类性格的外衣,这些性格,从我跟她认识之时起,便已欺骗了我。她身上只剩下了植物的、树木的无意识生命,这是一种跟我的生命大为不同的陌生的生命,但它却是更实在地属于我的,她的自我,不再像跟我聊天时那样,随时通过隐蔽的思想和眼神散佚出去。她把散佚出去的一切,都召回到了自身里面,她把自己隐藏、封闭、凝聚在肉体之中。当我端详、抚摸这肉体的时候,我觉得自己占有了在她醒着时从没得到过的整个儿的她。她的生命

---

[1] 普鲁斯特:《追忆似水年华》,第三卷第 393 页 / 第三卷第 387 页。
[2] "我觉得,在这一时刻我终于更完全地占有了她,一如占有了沉默的大自然中一件无知无觉、任人摆布的东西。"同上,第三卷第 67 页 / 第三卷第 73 页。

第六章 普鲁斯特：寻找真正的阿尔贝蒂娜

已经交付给我，正在向我呼出它轻盈的气息呢。①

马塞尔把她想象成了一棵植物——"一株绽着蓓蕾的修长的树苗被摆在了那儿"②——在这种想象的启发下，马塞尔想要维持这种完全占有的状态。然而，阿尔贝蒂娜在她像植物一样的状态下（正如他把她想象成的那样）是不能向马塞尔显露出她自己作为主体的任何特征的。当她的性格退回到她的身体内，她只不过变成了一个沉默的物体。

作为回应，一种好奇的心理在马塞尔心中起作用。似乎阿尔贝蒂娜消失了，专注地看着物体般的阿尔贝蒂娜，使她成了他的镜子。那面镜子所揭示的是怀疑。正如普鲁斯特所写的："所有过分怀疑自己，既不相信哪位女人会爱上他们，也不相信他们自己会真的爱上哪位女人的男人无一例外，他们在爱情上往往采取二拍节奏。"③它是二拍节奏，因为总是由未知的——他所爱的女人的沉默和看不见的深度——所决定，而爱她的这个男人，违背节奏的原则，总是试图用自己来填满节奏。因此，马塞尔把阿尔贝蒂娜当作物品的态度使他对她的爱不可能是真的，因为作为物品，她只能充当一个屏幕，而他把他

---

① 普鲁斯特：《追忆似水年华》，第三卷第 64 页 / 第三卷第 70 页。
② 同上，第三卷第 64 页 / 第三卷第 69 页。
③ 同上，第二卷第 827 页 / 第二卷第 828—829 页。

的恐惧投射到这个屏幕上。① 梅洛-庞蒂写道:"他怀疑阿尔贝蒂娜的爱,不相信他是被爱着的,因为他怀疑他的爱,因为他不会爱人。"② 自恋似乎使他的爱成为幻觉,因为马塞尔把他自己和阿尔贝蒂娜合并在一起;她越是有深度和不透明,他越是坚持用自己的情感来填补空虚。确实,只有当阿尔贝蒂娜离开他时——她的缺席产生了一种交织,它是如此之深以至于只有最强烈的渴望才足以填满它——他才被激励着要娶她。③ 在这部小说的"逃亡者"这一章的开头马塞尔的自恋似乎接近了绝对。

而且,多亏了它所引起的合并,这种自恋犯了双重错误:它不仅试图消除阿尔贝蒂娜的深度,而且它同样地要求马塞尔自己也成为一个没有深度的生物体。马塞尔没有认出的——使他注定无法占有阿尔贝蒂娜的——是他自己总与自恋有牵连。并且这种侵越表明他所渴望战胜的阿尔贝蒂娜的深度是永远不会被消除的;它只会被扩大,因为他必须努力地用他自己来填充它,而他自己(像阿尔贝蒂娜一样)都是由深度和活动作为特征的。因此,对于马塞尔来说,不会

---

① 人们可能会把自恋比作反思性意识,它"预设它之所见,迫使它自己将它假装后来在事物中发现的东西放入事物之中"(正如我们在第一章中所见)。梅洛-庞蒂:《可见的与不可见的》,第 38/60 页。
② 梅洛-庞蒂:《建制与被动》,第 32/68 页。
③ "娶她,这是我早就应该做的事,也是我必须做的事,正是这点促使她写下了她连想也没有想到过的书信,正是为了促成我们的婚姻,她才暂且放弃了她也许愿意做也是我希望她做的事:回到这里。"普鲁斯特:《追忆似水年华》,第三卷第 429 页/第三卷第 422 页。梅洛-庞蒂在《建制与被动》第 32—33/68 页评论了这些事件。

第六章 普鲁斯特：寻找真正的阿尔贝蒂娜

有那么一天，阿尔贝蒂娜毫无掩饰地躺在他的面前，就像一个科学家或是研究者把一个标本放在显微镜的透镜下一般。因为就在阿尔贝蒂娜一动不动地躺在透镜之下的那一刻（也就是说，在她死后的时间里，她真正地变成了一个物体——一具尸体——没有深度和活动），我们的研究者马塞尔也已经发生了变化，他对她的记忆也发生了变化。这就是为什么甚至在她死后，马塞尔也面临着多重形象——不再是相对外部现象的阿尔贝蒂娜，而是在他"心中"的形象。[①] 马塞尔悲叹道："我若想使自己得到安慰，我应该忘却的就不只是一个阿尔贝蒂娜，而是无数个阿尔贝蒂娜。在我终于能够忍受失去这个阿尔贝蒂娜的悲伤时，我还得去忍受失去另外一个，另外100个阿尔贝蒂娜的悲伤。"[②] 所以比起她活着时，她死后他也不能更好地占有她，这是自恋的双重失败。甚至当马塞尔继续活着的时候，他争论自己的多样性。

于是，马塞尔的迷恋似乎一直根植于错误中。他以为这个占有的问题仅仅在于阿尔贝蒂娜的性质之中——她的深度和多样性——他想方设法想要将她的性质缩减到一个纯粹本质，或相反地，缩减到一个物体。但是实际上，这个问题也同样存在于他自身——存在于他的深度和多样性之中。

只有在阿尔贝蒂娜死后他才能理解这一点，那时他形成了一系列

[①] 梅洛-庞蒂：《建制与被动》，第32/68页（原文中加强调）。
[②] 普鲁斯特：《追忆似水年华》，第三卷第487页／第三卷第478页。

新的自我来取代之前的那个爱着阿尔贝蒂娜的自己。而这些新的自我不可能爱上阿尔贝蒂娜，因为他们根本不认识她："我们对别人的感情逐渐淡薄，这并不是因为他们死了，而是因为我们自己在逐渐死亡。"① 以这种方式，马塞尔意识到了他自己体内的生死替换过程：

> 这一替换工作，时不时地就会自动进行，好像我们自身组织的腐败和更新一样，只不过我们不注意，除非旧"我"原有一颗痛苦的心，一个陌生而且粗暴的躯体，一天我们惊奇地发现这个旧"我"已经不存在，我们还惊喜地发现自己已变成了另一个人，在这个人眼里，其前身的痛苦就像是别人的痛苦，可以怀着怜悯之情来谈论，因为我们自己感受不到。②

因此，马塞尔最终学会了不再对阿尔贝蒂娜感到渴望。但是，从他对这一过程的关注中，他确实感觉到了一种难以置信的疏离感。他意识到，如果他对阿尔贝蒂娜的渴望应该就像是一层皮肤一样脱落，那么就不会有他内心的区域——没有内核——可以继续有意义地存在下去：

---

① 普鲁斯特：《追忆似水年华》，第三卷第 608 页 / 第三卷 595 页。
② 同上。

第六章 普鲁斯特：寻找真正的阿尔贝蒂娜

这就形成一个个连续的阶段，相隔一定的时间以后，前一阶段赖以存在的东西在后一阶段竟荡然无存，因此，我觉得我的生活是一种空洞的东西，它是那么缺少一个能作为支柱的统一而连续的自我，它的过去是那么漫长，它的未来是那么多余，死亡可以在此时或彼时将它了结而不对它作结论。[1]

因此，他的疏离感不仅仅是由于他明白了他渴望占有阿尔贝蒂娜是错误的；而是由于他更痛苦地看到这种剥夺和他自己有关。确实，这种失败——这种马塞尔和阿尔贝蒂娜之间的分歧，正如马塞尔和他自己之间的分歧一样——充斥着他的一生。它将他和那些他不爱的人的关系描绘成人类灵魂的"法则"："间歇性"法则。[2] "但是为什么我们不爱呢？"梅洛-庞蒂在分析普鲁斯特时问道。"因为我们的心的间歇性。"[3] 因此，马塞尔无法持续他的爱——对希尔贝特和对盖尔芒特伯爵夫人一样——不是因为他爱的对象固有的一些瑕疵，而是因为他自身所具有的根本的不连续性。在这部小说中令人伤心的一节中，这种间歇性法则在马塞尔对他祖母的爱中得到了体现；他直到祖母死后一年多才能真诚地哀悼她的死。当他无意识地回忆起祖

---
[1] 普鲁斯特：《追忆似水年华》，第三卷第 607 页 / 第三卷 594 页。
[2] 同上，第一卷第 636 页 / 第一卷 591 页。
[3] 梅洛-庞蒂：《建制与被动》，第 33/69 页。

母是一个"活着的现实"时，①马塞尔注意到之前的自我（被他祖母爱着的自我）和现在的自我（似乎只关心社交征服）之间深刻的不同。伴随着他回想起祖母，同时，他也惊讶地复原了原来的自我。普鲁斯特写道："与回忆的困扰相联系的是心的间歇性。"②通过这种无意识的回忆，马塞尔意识到了一个如此陌生的旧的自我，以至于这使他开始怀疑他曾经认为灵魂是统一的信念了。这个叙述者总结道："在任何既定时刻，我们整个的灵魂对于一些项目来说只有一个或多或少的价值，尽管它资产项目繁多，而其他项目价值是不可实现的，不管它们是真的富有还是想象出来的。"③确实，如果不能同时实现总体的灵魂（即作为当前的自我活着，同时又伴随着之前所有的自我），那么一个人怎么才能掌握灵魂是什么？

由于间歇性原则是本体分歧的典型特征，它恰恰会挫败马塞尔试图抽出阿尔贝蒂娜的本质并战胜其深度的想法，或者更加会挫败他认为自己的灵魂是不变的纯粹本质的想法。当读到这种构成的不一致性时，梅洛-庞蒂问道："那么，我们应该说，我们缺乏这种本质，我们只是原则上拥有它，它处在总是不完善的观念化的界限内吗？"④然而梅洛-庞蒂更进一步，他提供了对本质的可能性的一个新的评价：

---

① 普鲁斯特：《追忆似水年华》，第二卷第783页/第二卷第756页。
② 同上，第二卷第784页/第二卷第756页。
③ 同上，第二卷第783—784页/第二卷第756页。
④ 梅洛-庞蒂：《可见的与不可见的》，第112/149页（原文中加强调）。

第六章 普鲁斯特:寻找真正的阿尔贝蒂娜

正是通过从事实和本质的对立,通过从个体化于空间和时间中一个点的东西和永远不存在于任何时间和空间的对立出发,人们才最终被引导去将本质当作一种界限观念,也就是说使其成为不可接近的观念。因为正是这一点强迫我们将本质的存在当作超出"事实"领域的第二种肯定性来寻找,强迫我们梦想一种事物的变体,它能把一切不真正是事物自身的东西从事物中清除出去,并使总是被遮掩着的事物完全地显现出来——强迫我们梦想一种经验作用于经验的不可能的活动,这种活动把经验的事实性当作一种非纯粹性从经验中剥离出来。相反,如果我们重新检查事实和本质的反题,我们也许能用一种使我们能够进入其中的方式来重新定义本质,因为它不在外边,而是在刚才还在制造困难的经验作用于经验之上的缠绕的中心。[1]

马塞尔已经承担了消除所有不是真正的阿尔贝蒂娜的东西的任务,来使她在他面前是毫无遮掩的。但是他失败了:他无法固定阿尔贝蒂娜的纯粹本质。但是,他在这种失败中也有所收获,它揭示了一种对接近本质的新方法的需求。问题不是本质是绝对无法接近的,而

---

[1] 梅洛-庞蒂:《可见的与不可见的》,第 112—113/149 页。

是如果人们试图将它构想成存在于"第二种肯定性"的领域，那么本质就是无法接近的了。那么，怎样才能在现象的世界中感知本质，而又不失去它作为本质的效力呢？只有作为积极的本质——才能是操作性的。① 我们不是持续地努力——失败——在不受时间影响的领域内来掌握一个固定不变的本质，我们可以通过"经验作用于经验之上的缠绕"在我们这个世界中寻找本质的痕迹或回响。我们可能通过这个间接的路线来证实马塞尔的爱的建立。

因为，尽管马塞尔从未直接占有阿尔贝蒂娜的纯粹本质，然而它却作为一种"激活和组织"他的感情生活的力量直接影响着他。"她就像一个看不见的神一样给我带来麻烦，"马塞尔说道。的确是由于这些麻烦——因为它们对他产生的影响——而不是因为他看到排列在肯定性之中的她——才使马塞尔最终知晓了一种操作性本质："痛苦至深时你便会触到事情的神秘之处，触到问题的实质。"② 这种本质作为方向、变化和活动的效果从深度中浮现。真正的阿尔贝蒂娜属于一个"不在可感的世界之上，而是在它的深度和厚度之下或之中"的本质顺序，正如过去真正的山楂花一样。因此，阿尔贝蒂娜的本质的存在只能通过贮存在马塞尔心中的痛苦间接地存在于回忆中。正如梅洛-庞蒂所写的："悲伤教会你如何去看待一切。"的确如此，马塞尔

---

① 梅洛-庞蒂：《可见的与不可见的》，第 206—207/257 页。
② 普鲁斯特：《追忆似水年华》，第三卷第 536 页／第三卷第 526 页。

第六章 普鲁斯特：寻找真正的阿尔贝蒂娜

悲叹道：

> 阿尔贝蒂娜已把多少人和多少地方（尽管那些地方跟她没有直接关系……那只是一些她得以尝到乐趣的寻欢作乐之地，一些人群熙攘、比肩接踵之地）从我想象和回忆的门槛，引入了我的心房而我却没注意到！如今，我对这些地方已经有了内在的、直接的、痉挛的和痛苦的认识。爱情，就是心灵可以感觉的时空。①

以这种方式阿尔贝蒂娜将整个世界引入了马塞尔的心里，而正是通过他的进入这个不再处于他外部而是已经内化了的世界，他才能够维持他对她真正的爱。这样，阿尔贝蒂娜不再被看作一个纯粹本质或是物体，而是一种在他生命之上的力量。爱情是一种变化的力量，一种活动的力量，它的效果可在马塞尔内心记录下来。

确实如此，有一种复杂的时间结构和爱情联系在一起，因为爱情，作为"时间和空间"的内部感知，只能从回忆中实现，通过如我们所见的梅洛-庞蒂所描述的本质的概念："经验作用于经验之上的缠绕。"确实，只有当阿尔贝蒂娜死后，多亏了他所体验到的具体的

---

① 普鲁斯特：《追忆似水年华》，第三卷第 392 页／第三卷第 386 页。

深刻的痛苦，马塞尔才领会到他内心这种力量的存在。当阿尔贝蒂娜活着的时候，他不相信这份似乎太容易受偶然情况影响的爱情的真实性，但是在她离开之后，这种难以模仿的痛苦使他相信自己一直都真正地爱着她。准确地注意到了这种时间结构，梅洛-庞蒂写道："我一直不相信我的爱，因为它处于一种'不稳定的状态'；阿尔贝蒂娜的离开使它变得明确了，我才相信了它。"正是他处于"不稳定的状态"的爱情的一般性才在最初导致他得出了爱情仅仅是基于偶然的结论。马塞尔感觉到阿尔贝蒂娜"只不过是他强烈欲望之路上的一个偶遇"，而且他可能也爱过吉泽尔、安德烈，或者任何其他一些女人。他怀疑他对阿尔贝蒂娜的爱（于是确定了它自恋的性质），因为他似乎在它那里看到了任意性的标记。但是在她死后和明确了他对她的爱之后，追溯过去，他的整个过去都改变了；一切偶然被重新解释为导致了他与阿尔贝蒂娜的恋爱。正如画家的笔触是要给人看的，在回想中，作为马塞尔写出这部作品所能做出的唯一选择，他对阿尔贝蒂娜的爱不再被看成仅仅是很多可能的爱情中的一个（没有哪份爱情比另一个更真，因为每一份爱都因瞬息万变的一系列情况而存在）。确切地说，它成功地使他将之前几段爱情的感觉进行了重新排序；通过回顾的力量，它们每一个都似乎预示了他与阿尔贝蒂娜的恋情。叙述者说："如果我现在不是考虑我对阿尔贝蒂娜的爱，而是我的整个一生的话，我其他几段爱情也只不过是微不足道的一些尝试，它们是在为

第六章 普鲁斯特：寻找真正的阿尔贝蒂娜

我对阿尔贝蒂娜这份更为广阔的爱情铺路，它们无意识地吵闹着呼吁这份更广阔的爱"。的确如此，马塞尔开始相信他少年时对希尔贝特的爱恋尤其导致了他对阿尔贝蒂娜的爱，但是他很惊讶的是反过来不是真的：可以在阿尔贝蒂娜身上看到希尔贝特的影子，但是在希尔贝特身上看不到阿尔贝蒂娜的影子。"就凭希尔贝特我很难想象出阿尔贝蒂娜的形象，也想不到我会爱上她，犹如对凡德伊奏鸣曲的回忆并无助于我想象她的七重奏一样。"于是，他对阿尔贝蒂娜的爱达到了一种奇特的状态，它战胜了一切偶然的出现；它成为其他一切之前的爱情的主旨。因此，它被理解为不是环境的效果，一个"偶然事件的总和"，而是回想起来是它们的起因。它的起因作用达到了这样一种程度，以至于它影响了他对整个人生的理解——不仅仅是他真正和阿尔贝蒂娜在一起的几年，而且还包括他不在的未来日子还有过去他根本不知道她的存在的岁月，这一切回想起来都呈现出无法避免的一面。梅洛-庞蒂写道："不可能声称现在的爱情只不过是过去的回声。相反地，过去呈现出是现在的准备或是预谋的轮廓，它在意义上超出了它，尽管它能在这个轮廓中认出自己的影子。"这种奇怪的"地下逻辑"——深度的逻辑——是建制的作用。

因此，如果马塞尔没有能够像他追求阿尔贝蒂娜那样占有或是控制她，正是通过这种失败他才有了比他最初所寻找的更为丰富、更为深刻的体验。关于马塞尔和阿尔贝蒂娜之间的爱情，梅洛-庞蒂写道：

生活给了我们一些别的东西,一些神秘力量驱使的东西,不是偶然的。实现的不是所预见到的,而是被意志力所驱使的。我们通过退缩来前进,我们不直接选择,而是转弯抹角地,尽管如此,我们做我们想要做的。爱情是有洞察力的。①

爱情的洞察力:它揭示了一个事实,不可见的东西对世界产生作用。这不仅仅是一个看向未来的看者的洞察力,而且是一个重新配置过去的诗人的洞察力。爱情作为一种引领我们人生的力量,在回顾和前瞻中建立起来。马塞尔最初渴望将阿尔贝蒂娜像物品一样占有的想法太过于片面,这种想法绝不能够考虑到爱情引发的"增殖"和"偏离中心和回到中心"。确切地说,他急切地想要占有阿尔贝蒂娜,这就是为什么他不相信自己爱着她。但是真正的(非自恋的)爱情作为两人之间的回响出现了。因此,可以说只有当阿尔贝蒂娜作为无可争辩的存在进入了他的灵魂,给他的生活带来生气,马塞尔才开始确认这段爱情的可信性。在那时他对于往事的理解重新定位,结果是他一直爱着她。真正的阿尔贝蒂娜以这种方式暴露给马塞尔——因为那时他根据他深爱着阿尔贝蒂娜的深刻感情来看待这个世界。他

---

① 梅洛-庞蒂:《建制与被动》,第38/75页。

第六章 普鲁斯特：寻找真正的阿尔贝蒂娜

的现在、将来和过去的每一个时刻都被她所触动，如果只是间接的话，不是因为他占有了她，而是因为他被她伤到了。除了深爱着阿尔贝蒂娜的马塞尔之外，没有别的马塞尔存在了，因为甚至在他忘记了她之后——甚至在他不再爱她之后——她通过建立的过程已经不可撤销地改变了他。

这样我们就可以理解马塞尔自己的深度和多样性的问题。当他说这些话时马塞尔是狡猾和错误的，"这就形成一个个连续的阶段，相隔一定的时间以后，前一阶段赖以存在的东西在后一阶段竟荡然无存，因此，我觉得我的生活是一种空洞的东西，它是那么缺少一个能作为支柱的统一而连续的自我"①。他在观察他自身的不连续性时是敏锐的。但是他从观察中得出的结论是错误的，因为马塞尔把这种不连续性解释为揭示了他人生中无用的偶然性。然而，在马塞尔和阿尔贝蒂娜之间的关系中可以弄清楚一点——作为爱情的洞察力——即定位、活动和改变，通过它们的建立为不连续性的连接，提供了一种"作为开放感觉的感觉"——恰恰是意义的可能性。

我们将通过德彪西《牧神午后前奏曲》中的和弦来看音乐概念中建制这一同样的概念。

---

① 普鲁斯特：《追忆似水年华》，第三卷第 607 页 / 第三卷第 594 页。

第七章
德彪西作品中的和声与风格运动

哲学无非是对其他活动深度维度的剖析和揭露。

——梅洛-庞蒂《胡塞尔现象学的界限》

哲学的启迪

一个人如果听到德彪西《牧神午后前奏曲》中的长笛声，是很容易被误导的，就像马塞尔第一次见到阿尔贝蒂娜就误认为她是大海上的倩影。也就是说，人们在没有维度感的情况下，才能听到单音线。但是，那并不是欣赏——最具音乐性和旋律性的方法。在第四章中，我们了解到，一支旋律是如何通过重复和变化来实现本身内部和其他音乐的紧紧环绕的。以这种方式，它向我们展露的不仅仅是一个"线"，它向我们展示了一个深层次的结构。因此，我们必须注意到这种深度的本质，不仅要旋律优美，还要韵律调和。它关系到一个和声——一种音乐特色——如何表达一种音乐形式。

我们再一次从这支乐曲的开头部分进行分析，因为阿拉伯风格曲笛声不仅仅为我们提供了一种线性的、旋律优美的姿势，更是最初开创了和声世界的开端，这将成为整部作品的灵感所在（见第四章，例4.1）。这个世界最初被唤醒就是通过 C-G 和 E-A 两个三全音之间的关系实现的。开头两个小节的音域清晰地表达了这些三全音中的第

第七章 德彪西作品中的和声与风格运动

一个（$C\sharp$ 是最高音，G 是最低音）；第 3 小节和第 4 小节强调另外一方面。尽管在第三节中，位于旋律手势最顶点的 $G\sharp$ 似乎是指由第一个三全音发出的张力的分辨率，但是，通过琶音在第 3 小节中保留的主要音调 E 被第四节中音调的最后一个音符 $A\sharp$ 取代。

例 7.1 开头部分完全消失的第七和声 $A\sharp$，半消失的第七和声与第七和声 $B\flat$ 之间的关系。在开头部分完全消失的第七和声被我们听到，不是作为一个垂直的洪亮度，而是由两个三全音组成，这两个三全音在阿拉伯风格曲笛声中被和谐地概括过（从 $C\sharp$ 到 G，从 E 到 A）。半消失的第七和声 $A\sharp$ 在第 4 小节的木管乐器和喇叭中听到，第七和声 $B\flat$ 在第 5 小节中，以竖琴、线子和喇叭紧紧跟随。

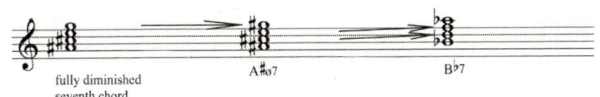

就像阿拉伯风格曲长笛，一个单音乐节，通过旋律优美地发出三全音来开始和结束，在第 4 小节中，三全音逐渐主导着和声。第一个圆号的入口在 E，发出这个音节用手抵住 $A\sharp$ 音节，要用双簧管而不是长笛发，这样做就会立刻确保在此时的环境下，三全音听上去是协调的，$A\sharp$ 在第七和声中只发了一半。就音程的内容而言，这个和声和长笛发出的开头部分的三全音有一种"亲近"的关系。被认为是垂

143

直的长笛三全音，在不和谐的根音乐内，发出完全消失了的第七和声（C♯、E、G 或者 A）。当完全降音的第七和声 G♮ 升高变成 G♯（就像第 3 小节中笛音的顶峰一样），第七和声 A♯ 就诞生了。因此，从阿拉伯风格曲和声到第七和声的半消音 A♯，在第 4 小节中都是相当流畅的。那么，第七和声中的 B♭ 在第 5 小节的下拍中听上去是什么样子的呢？这个问题也可以通过一个"亲近"的关系得出答案，A♯ 像 B♭ 一样全音发出，G♯ 先保留然后像 A♭ 一样全音发出。半降第七和声 C♯ 和 E 升半拍变成 D 和 F。马上，这种和声就会听上去像一种分辨率，因为位于圆号和双簧管之间的三全音 E-A♯ 在第 4 小节中会通过圆号的 F，然后是 B♭ 和 A♭ 消失，通过从双簧管发出的 A♯ 到发出的弦音 B♭ 的转变（见第四章，例 4.2）。接下来音乐小节中的静音，就像在第四章中讨论过的一样，放大了第 4 小节和第 5 小节中和声的表达性。就像开头阿拉伯风格曲笛音从 G♮ 升到 G♯，在 B♭ 内，第七和声（在第 5 小节中）不断重复才有意义。也确实是这样的，因为它是一个可以分解为两种最初三全音的一个手势：它分解为不和谐的 C♯ 和 G，当 G♮ 升半拍到 G♯（接着发音成 A♭），它分解为不和谐的 A♯ 和 E，当 E 升半拍到 F（A♯ 发音成 B♭）。然而，它分解这些三全音通过打开更多的张力；这种分辨率并不会自己关闭，而是形成一个新的表达层次：B♭，第七和声，很明显不是一个三和声，而是在第三和第七和声之间包含自己的三全音（也就是说，三全音 D-A♭）。音高 G♯ 可以分解为最初三全

第七章 德彪西作品中的和声与风格运动

音 $G\sharp$-$G\natural$，它只能打开另外一个三全音（$G\sharp$/$A\flat$ –D）。而且，在一个更加结构性的层次，$B\flat$ 的和声领域，它自己本身也可以在合成一个和声阶 E 的三全音关系，在这个音阶中，乐章最终结束。

因此，我们在第四章中看到，在第 17—19 小节双簧管和小提琴发出的美妙乐章重新探索了第七和声 $A\sharp$（就像 $B\flat$ 的等同发音）的时候，在第 26 小节中阿拉伯风格曲笛声的回音在第九和声上实现和声的时候，并没有很惊讶。这些音阶领域（$A\sharp$/$B\flat$ 和 E）从三全音的一个形成最后的乐曲，而这个三全音是由最原始的笛声发出的。然而，这支乐曲的第一部分会最终在第 30 节中的 B 大调上实现最终的抑扬顿挫——B 大调是第 5 小节第七和声一个离 $B\flat$ 相当远的音调区。而且，尽管这个 B 大调通过之前的第九和声 F$\sharp$降到第五和声才能实现自身的强调，否则的话，就不会影响这支乐曲的一般性和声。第五和声的音程暂且不提（这个音程完全可以认为在音调乐曲中是不可缺少的），它是三全音的音程（一个固有的不稳定的洪亮发音），这个音程塑造德彪西《牧神午后前奏曲》。

这两个三全音在笛子乐曲（$C\sharp$-G 和 E-$A\sharp$）中发音，形成低沉洪亮的声音（一个完全消失的第七和声），也就是说，就像我们读到的，模糊不清，因为它是对称的：它重复自己，因为在洪亮度内的每个音阶都可以分为三个半拍。就像三全音本身就可以均匀地分为六个半拍或者三个全拍。相反，第五音阶的音程并不对称。也就是说，它

145

不能在内部均匀地分为全拍。由于它的不对称性，第五和声在一个调性环境下，具有一定的进行线性移动和分辨的能力，但是，作为对结构的洪亮度，三全音转换，颤动，重复，重叠。从旋律的角度来说，三全音可以从两个不同的方式实现（也就是说，他们可以引发两种不同的音高）：通过对称的半拍和对称的全拍。对于第一种方式，我们在《牧神午后前奏曲》中可以发现很多例子：不仅是在笛声乐曲开头部分，音乐小节的半拍音程的饱和度，还有在第22节中介绍过的，在中提琴和大提琴中，这个韵律的简短降尾。这个中心思想强调于整支乐曲中：在第31小节和第32小节中的大提琴（见例7.2），在第83—84小节中的双簧管（见第九章，例9.3），在第102节中的笛子（见例7.6），还有，在第107节中的喇叭（见第四章，例4.6）。

经常在全音音阶方面提到的，对称的全拍，也为德彪西《牧神午后前奏曲》的和声增色不少。跟随第30小节中B大调的抑扬顿挫，这首音乐，在构成整支乐曲的阿拉伯风格曲消失之后，似乎转向了一个全新的方向。一方面，单簧管在第31节中介绍了一个充满活力的中心思想，这个思想强调音符$G_♮$，它环绕消失的第四和声的宽幅，通过半拍升调或者降调。另一方面，这个中心思想在第32节中展现出来，当单簧管通过全音音程升调，也就是从F升到$E_♯$，接着向后，一支乐曲在笛声中实现附和。

第七章　德彪西作品中的和声与风格运动

例 7.2 德彪西,《牧神午后前奏曲》,第 31—36 小节,交响乐。

哲学的启迪
The Rhythm of Thought

第七章 德彪西作品中的和声与风格运动

由于这种对称性通过半拍形成,第31节中的"新"乐曲和阿拉伯风格曲笛声最初笛声的关系是很清晰的。然而,有趣的是,单簧管开创的其他种类的对称——全拍——在第32节中,随后立即就被强化了。就像在乐章开头部分,三全音展示自己来分成两种不同的声音世界,一种是半拍,一种是全拍。在这个单簧管乐曲的下面,支撑的和声发出一个法式的增强的第六和声,这个和声就像完全消失的第七和声一样,是在两个三全音的基础上进行构建的,但是,以这种方式,那两个三全音不是以三个半拍或者一个小音阶的第三分辨(就像完全消失的第七和声)进行安排的,而是通过一个全拍进行相互关联,从而来指明全音的音域范围。在第31—33小节,这两个三全音组成了 C♯-G 和 F-B。它们指明了包含 C♯ 和 G(例如,C♯-D♯-F-G-A)的全音音域和声高的整体。① 它们也为我们在这个乐曲第 1 小节部分听到的 C♯-G 三全音提供了一个全新的维度。这就是为什么在第 31 小节中,单簧管保持的 G♮ 充满张力:它不仅从由 G♮ 到 G♯ 的最早分辨率中分离出来,而且也促成了整个全音音域的不稳定的和声。它就是德彪西强调的那种音域,在第 34 小节中,作为结尾,再次重建了整个单簧管的中心思想。这次,音高升到小音阶第三,目的是在第 35 小节中(这再次会最终进入第 36 小节的笛音)通过半拍、升拍和降拍到

---

① 由于全音相等性,我们有很多方式可以发出全音音域,在给出的环境下,我使用德彪西音符的名字来加强说明全谱内音符对称性。

另外一个全音音域之前,让单簧管保持 B_b 在下拍手势(我们需要再一次强调开头两个三全音的结构性音高,它被认为是等音)。这个是由一个法式强化第六和声为主调配的和声。这个由相互扣住的三全音 B_b-E 和 D-A_b 组成,它们指明了包括 B_b/A# 和 E 在内的全音音阶的一个整体。因此,我们可以看到的是,乐曲开头部分三全音的潜力(也就是说,C#-G 和 B_b/A#-E 的潜力),由于它们的对称性在两个不同的方向折叠。这还存在一个双重运动,这个运动通过两个全音音域的整体对两个法式强化第六和声起作用,最终,对结构性和声的两边起作用,这个结构性的和声贯穿全篇起作用。正是开头完全消失的第七和声的不协调性,产生了接下来的双重折叠。

例 7.3 对称性和声从完全消失的第七和声向外折叠。我们可以看到,完全消失的第七和声,就像对称的洪亮度,产生了两个全音音域(一个和开头笛声三全音 C#-G 相关,另外一个和 B_b/A#-E 相关),从这些全音音域,另外的和声通过不同的法式强化第六和声展开。

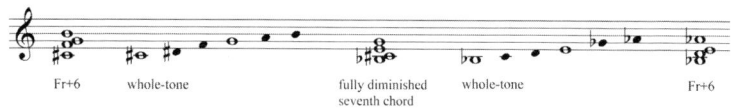

第七章　德彪西作品中的和声与风格运动

例 7.4 和声运动起源于建立在 B_b/$A\sharp$–E 上的音高合集。每个和声的根源（B_b, E, $A\sharp$, G_b/$F\sharp$, D 和 A_b）属于全音合集，这个合集和开头笛音三全音 B_b/$A\sharp$–E 有关，它们各自的内部三全音也是这样的（例如，D–$G\sharp$，在第七和声中的 E，在半消失的第七和声 $A\sharp$ 中的 $A\sharp$/E。这些洪亮度构成了德彪西乐曲中有意义的和声）。

在例子 7.3 中说明的那种感觉就是对称性。但是，如果这种对称性仅仅塑造了《牧神午后前奏曲》的和声，那么就没有接下来的乐章了。乐章通过差异化产生——即通过对比、重复开始和不重合实现。因此,《牧神午后前奏曲》的和谐性并不来自对称性，而是来自一个中断的关键因素的出现——也就是从 G_b 到 $G\sharp$ 的中断。在笛声升到阿拉伯风格曲的高峰时，这个改变早在第三节中就已经听到了。也正是这种改变在第 4 小节中最初形成了完全消失的第七和声 $A\sharp$（当与在开头提到的，完全消失的第七和声相区别开来时），接下来，这就阐明了一个和声的领域，这个领域对建立在三全音 B_b/$A\sharp$–E 的音高整体的方向起作用。跟随这个整体，当它通过共同的基调展开，穿过各式各样的和声域，一种音符感会以一种有意义的方式，贯穿全篇起作用。例 7.4 展示了这种运动，当它引领穿过第七和声 B_b 到第七和声 E，

半消失的第七和声 $A\sharp$，第七和声 C 等。每个和声的根源都与来自 $B\flat$/$A\sharp$–E 的总体的全音合集有关，因为每个都是它们内部的三全音。① 一个快速的分析就证明，在例子 7.4 中出现的和声，展示了这支乐曲几乎全部的和声领域。

尽管例 7.4 把这些和声安排成一个线性的结构来说明这种共同发音的关系，但是这些和声作用的方式不能像看待单平面一样严格。相反，这些和声中的每一个不仅和例子 7.4 中位于左右的音符相联系，也通过多种水平联系起来。第七和声 G 和第七和声 $G\flat$ 有共同的两个音色（E/$F\flat$ 和 $B\flat$ 之间的内部三全音），这就像第七和声 $B\flat$ 和第七和声 E 一样（D 和 $A\flat$/$G\sharp$ 之间的内部三全音），而这些都是因为他们来源于同一个三全音分辨率。但是，另外，第七和声 C 和第七和声 $G\flat$ 有共同的三个音色，这些音色有着开头部分提到的洪亮度，因为一个完全消失的第七和声 $C\sharp$，以及第七和声 $B\flat$ 和第七和声 E，有三个共同发音，这些共同发音带有法式强化第六和声。完全消失的第七和声 $C\sharp$ 和法式强化第六法音本身有两个共同音色。最后，第七和声 C 和 $B\flat$ 同过半消失的第七和声 $A\sharp$ 联系在一起，这三个音也有两个共同的音色。图 7.1 正说明了这种关系。德彪西的和声在这种意义上就是深度的和声。它严格地和线性运动分离开来，这个线性运动和色调层次

---

① 例如，第七和弦 $B\flat$ 的根源来自全音合集 $B\flat$–C–D–E–$G\flat$–A，而且，在第七和弦 $B\flat$ 内包含的三全音（D–$A\flat$）也来自那个合集。例 7.4 中叙述的每个和弦都是这样。

第七章 德彪西作品中的和声与风格运动

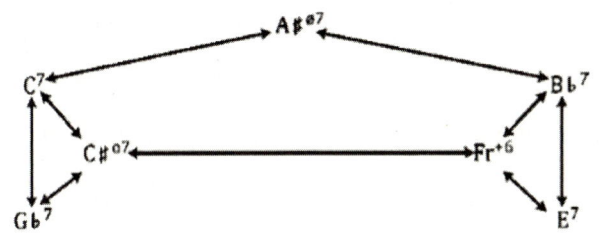

图 7.1 建立在 B_b/A♯-E 音高集上的和声多方面关系网状图

有关。相反，它曾经向前、向后，通过自身对叠起来。

像例 7.4 那样，这支乐曲最一般的和声方向一旦建立，最有趣的就是向相反方向移动的和声领域——这些并不来自 B_b/A♯ 和 E 之间的三全音关系，而来自 C♯ 和 G 之间的三全音。事实上，我们必须再一次强调，例 7.4 的概要不能解读为单向的。事实上，说的这些和声，第七和声 A_b 和三全音整体 C♯-G 的第七和声 B 非常流畅地环绕在一起，就像 G_b 和 G_b 可以分别发音为 D♯ 和 F♯，而且，通过半拍从 A_b 到 A_b 的移动，从 C 到 B 的移动创造了 B、D♯、F♯ 和 A（第七和声 B）。然而，这种紧密的关系，组成在三全音中的一个转换：在第七和声中的三全音（C-G_b）属于全音合集 B_b/A♯-E（例如，B_b-C-D-E-G_b-A_b），然而，在第七和声 BC 中的三全音（D♯-A）属于 C♯-G 的全音合集。例如，C♯-D♯-F-G-A-B 在指明的全音合集中，相似的转换以一种相反的方式起作用：来自 B_b/A♯ 合集的第七和声 B_b 可以通过第

153

七和声 C♯转换到另外一边（通过像 E♯ 一样发出 F，像 G♯ 一样发出 A♭，并把 B♭ 升音到 B♮，把 D 升音到 C♯）。反过来，这个可以向后折叠第七和声 B（通常保留 G♯ 和 B，并把 C♯升音到 D，E♯ 升音到 E，最终得出 E、G♯、B 和 D）。又一次地，三全音从 B♭/A♯-E 的全音合集转化为 C♯-G 的全音合集，然后再回来。这种跨越两个合集的升音运动贯穿整首曲子，例如，就像在第 16 小节结尾的法式强化第六和声（它的两个三全音 F-B 和 D♯-A 来自 C♯-G 合集），这就导致产生了十七章中的第七和声 A♯（它的三全音 Cx-G♯ 来自 B♭/A♯-E 合集），或者，甚至是第 18 小节中的第七和声 A♯ 导致产生了十九章中半消失的第七和声 E♯（它的三全音 E♯-B 来自 C♯-G 合集）。在此，三全音的转换——它们的不相符——形成了一种移动感，这听上去就像一种起伏的和声的斑斓色彩（见第四章，例 4.3）。

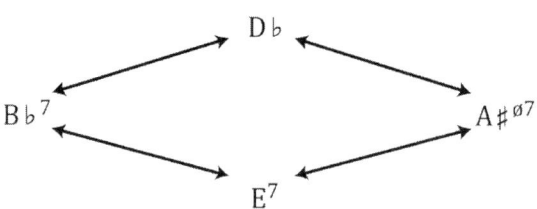

图 7.2 D♭ 大调和建立在 B♭/A♯-E 音高集上的和声的关系图

这种深度和声——一种当 B♭/A♯ 音高合集内部和穿过两个合集升音时才表达出来的深度——构成了这支乐曲的全部形态，尤其说

第七章 德彪西作品中的和声与风格运动

例 7.5 德彪西,《牧神午后前奏曲》,第 55—62 小节,交响乐。

哲学的启迪
The Rhythm of Thought

第七章 德彪西作品中的和声与风格运动

明了美妙扩展乐曲在 D_b 大调部分的功能,这部分在第 55 小节中开始。音乐的这部分代表了少数几个,可以通过强降第五关系(A_b–D_b 在第 54—55 节中)建立的和声领域之一,这也就强调了它的结构性意义。它也展现了一种完美乐曲的特征,这种特征通过温和的切分节奏和管弦乐,最初从木管乐器中听到,接下来从弦乐器中听到。按理说,这是整个乐章最精彩的部分。但是,为什么是降 D 大调?是和声色彩中的什么有助于这个音乐的细腻表达?降 D 大调可以看作自然地从升 C 大调的前奏曲的第一个音符弹出,并且因此连接到两个三全音的初始和声。这两个三全音形成完全减七和声。它与升 C 大调到 G 大调的集合有关,因为在这首曲子的结尾部分(E 大调),降 D 大调是这个集合里一个重要的和声对应。而 E 大调又是从其他集合中产生的,也就是从降 B 大调或者升 A 大调转换到 E 大调。图 7.2 显示了降 D 大调和从降 D 大调或者升 A 大调转换到 E 大调音高集合导出的重要和声之间的共同音调关系:一个降 B 大调第七和声,一个升 A 减半。因此,D_b 以一个双重音的身份起作用——色彩的激增——同这支乐曲的主要和声领域一起(也就是 B_b /$A\sharp$-E 合集)。三和声 D_b 立即就会震撼我们的耳朵,就像一块闪闪发光的金子,在这支乐曲的后半部分从深蓝变化到绿色。而且它的和声系统不可能更清晰了,因为第 56 小节跟随着第 55 小节的根源三合音 D_b 大调,它展现出一种低音到 $G_\natural$ 的转换,在这之上,和声听上去像全音音域,D_b、E_b、F、

G 和 A（它来自多音同等合集 C♯–D♯–F–G–A–B）。再次，在这支无小节乐曲的正中央或者是折叠处，C♯和 G 之间的三全音实现了最强表达。来自它的和声合集，以 D♭到 G♮的低音活动最为典型，它也服务于这支乐曲更完美的部分，这部分在第 74 到第 78 小节中增强的抑扬顿挫 D♭得到止头。

但是，即使在音乐篇章最精彩的部分，歌唱的魅力作为一种内部的张力，仍然在起作用。也就是，在 G♮和 C♯之间出现的未解决的张力或者能量（来自开头部分笛音阿拉伯风格曲的小和弦）。这个 D♭大调部分的稳定性，从两个方面被质疑。首先，三和声 D♭大调，也就是 A♭的第五个，被第 56 小节中的 G♮低音倾向破坏，然后形成了一个有韵律的三全音。这种运动在全音合集那里得到强调，这个全音合集在第 56 和第 58 小节中，通过乐曲伴奏听到——这个全音合集内没有 A♭的地位。因此，完美的第五和声（A♭–D♭）由于 A♭的破坏而遭受破坏。其次，当木管乐器偏上部位发出另外的全音合集声音的时候，也就是 B♭/A♯–E，第 62 小节把 D♭中木管乐器音乐和第 63 节中由小提琴实现的重申（也出现在 D♭中）联系在一起，展现出低音 D♮的特征，把 A♭（像 G♯）放置于另外两个三全音关系中。因此，三和声 D♭大调——也就是建立在它的"同伴"D♭和 A♭上稳定不变的和声（这处于完美第五音关系中）——从两个方面受到破坏：第一，受到 G♮的破坏，它在 D♭（它属于 C♯–G 合集）内部建立了一个三全音；第

第七章　德彪西作品中的和声与风格运动

二,受到 D♮ 的破坏,它在 A♭(它属于 B♭/A♯–E 合集)内建立了一个三全音。因此,D♭ 大调部分作为一个整体展现出来的东西仍然是另外一种含义,在这个含义中,三全音的张力没有得到释放。

例 7.6　德彪西,《牧神午后前奏曲》,第 100—103 小节,仅用长笛和双簧管。

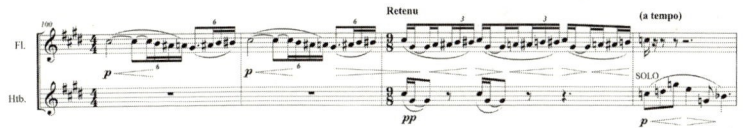

它确实没有得到释放,即使是在第 94 小节中的笛音阿拉伯风格曲的重演部分,这是因为这支乐曲在开头回音中,继续使用原始三全音 C♯–G♮。就像为了最后重申一次和声张力的来源,第 100 小节中对于笛音的重拾又提供了可以引向 C♯ 的 E、G 和 A♯——它和那个完全消失了的第七和声相似,借助它,《牧神午后前奏曲》中整个和声世界得以展开。但是,在主导着和声张力的来源得以发声之后(但是,轻柔地、单调地演奏出来,而且,在笛声的低音域部分——缺失一些让它变得清晰的强调),我们最终在第 100 小节中听到,阿拉伯风格曲的开头部分,这部分运用了完美第四音 C♯–G♯(不是 G♮)的音程。这个特别的阿拉伯风格曲——这个没有三全音的阿拉伯风格曲——也展示了大提琴的独奏,这加倍了笛音的音线。因此,多亏了乐曲中音程的转换和管弦乐中的新色彩（大提琴独奏），在第 100 小节中得以开始一段完美的音乐呈现。

这是一个有效的成分，因为在此，开头的音乐小节中出现的问题——$C\sharp$—G 的三全音音程和在第 3 小节音乐顶峰时对 $G\sharp$ 的强调——得以解决。也就是说，这支乐曲的结尾部分建立在 $C\natural$ 和 $G\natural$ 协调一致的基础上，目的是 $G\natural$ 和 $C\natural$ 之间的内部张力（从乐曲的开头部分，尤其是通过第 55 小节发展形成的部分）可以消失。在第 102 小节中，也如我们所期待的那样，天赋占据主导地位的音程（$C\natural$—$G\natural$），另外，在第 102 小节中，为 $G\natural$ 提供了自己的分解率，值得注意的是，这个分解率从第 100 小节到第 102 小节由中概括 $C\natural$ 和 $G\natural$ 的方式消失了。因此，就像我们预想的那样，原始三全音 $C\sharp$ 和 $G\natural$ 以两种方式进行分解：第一种方式，通过给完全四度降音（笛音中的 $C\sharp$ 和 $G\sharp$，第 100—101 小节中的大提琴，第 102 小节中的笛音和双簧管）；第二种方式，通过给完全五度升音（第 103 小节中双簧管中的 $C\natural$—$G\natural$）。

最终，这两种方式都会引向音符 E。在第 107 小节中，就像这个阿拉伯风格曲中心思想在柔和喇叭和小提琴的变化一样，低音保持在 E——这次进一步压缩到第三大调的音程（在乐曲中从 $G\sharp$ 到 E）——证明了对 $G\sharp$ 的分辨率（见第四章，例 4.6）。在 $G\natural$ 短暂发音之后（在第 107 小节中的第三拍，小提琴弹奏出的 C 大调就像第 103 小节的双

第七章 德彪西作品中的和声与风格运动

簧管,还有 E 大调作为第三和声),这首曲子的最终小节主要围绕一般的声音旋涡里的升 A 大调减半第七和声和 E 大调三和声,从而达到一种放松的感觉,并且回应长笛不断发出的最终升 G 大调高于低音部响亮的弹拨的 E 大调。

*

那么,这首音乐如何表达风格?在前奏曲中,不仅开头的钢琴曲,而且还有两个全音调,集合控制着和声色彩或者这首曲子的发展展开。而这一展开是以两个三全音(升 C 大调到 G 大调和降 B 大调或者升 A 大调转换到 E 大调)所产生的情感为依据的。因此,旋律轮廓、和声的音程含量以及和声之间的线性关系,都取决于三全音的间隔。然而如果,似乎有一个单一的概念或本质(即一个三全音的)在控制着整个作品。尽管如此,这一概念是不存在于作品之外的,也不存在于剥离了个人表达的音乐性中。因为只有通过整个前奏的表演,像风格这样一类的东西才能够展现出来。从这个意义上说,这部作品背后的精髓比开场的表达可能性要少。通过这种表达,在德彪西的作品中,全音集合的双重境界大放异彩。事实上,我们可能不会孤立地只听到三全音的间隔,比如升 C 大调到 G 大调,并将其与德彪西作品的跌宕起伏富于变化的特点等同。像节奏一样，一个音乐作品的和声，从前到后贯穿着作品的多个部分。因此，音乐的表达就存在于它所有丰富的细节中，比如长笛发出的音色，单簧管发出的一个完整的音阶，小提琴弹奏出的悠扬的降 D 大调旋律。只有通过这种明确而特别的时间展开方式，我们才能将音乐和谐性理解为一种开放且富有凝聚力的感觉。①

---

① 梅洛-庞蒂：《建制与被动》，第 78/125 页。

第八章
普鲁斯特的音乐观念

> 文学、音乐、激情,还有可见世界的经验,都和拉瓦锡和安培的科学一样,是对不可见的探索,也是对观念世界的揭示。
>
> ——梅洛-庞蒂《可见的与不可见的》

在普鲁斯特的《追忆似水年华》中，马塞尔通往完成他艺术使命的道路被他所从事的多种艺术所占据，比如他读贝戈特的作品，看贝玛的演出，花时间凝视埃尔斯蒂尔的画作。然而，没有一个艺术家能比作曲家凡德伊对马塞尔的影响更大了，尽管马塞尔从来没有见过他，但是他的作品在马塞尔心中激发出极大的喜悦和希望。通过凡德伊的音乐作品——奏鸣曲和七重奏——马塞尔能够肯定这种理念的真实性（作为反抗存在的无意义性，"灵魂的黑夜"）和一种接触这种理念的方式。因此，梅洛-庞蒂（当然作为一位绘画哲学家更为出名）转向了"音乐观念"；这些课程笔记（《笛卡儿本体论与今日本体论》）和草稿（《可见的与不可见的》）中关于"音乐的"和"可感的"观点就是明确地受到普鲁斯特的启发。因为梅洛-庞蒂通过这种音乐观念所揭示的是一种像是风格的理想，它根据肉身的分歧、深度和时间性而被人们所知晓。这种对音乐观念的理解不是立刻在普鲁斯特身上显现出的。起初当我们通过斯万和奥黛特的故事来理解音乐观念——

第八章　普鲁斯特的音乐观念

甚至还不是和马塞尔——只能隐约看到它的本体论的意义。

斯万是一个音乐的初学者，他的极大热情——当然除了他从女人身上得到的乐趣——集中在视觉艺术上。然而他的作品——他几年前关于弗米尔的尝试，没有完成就被放弃了——已经停止在他生命中寻求一个位置了。作为一个出入巴黎上流社会的有天赋的知识分子，斯万已经敏锐地意识到在现实和理想之间不可弥补的分歧——正如经验世界和艺术世界之间的分歧一样——尽管或者甚至因为他良好的敏感性已经跌入了一个顺从的迟钝期。例如，他在艺术上的学问被应用于建议上流社会的女士们的个人收藏："很久以来，他就弃绝了把生活跟一个理想结合起来的念头，只把它局限于追求及时行乐的满足，而他认为——虽然没有正式地对自己这样说——这种情况到死也不会改变了；更进一步，他既然再也不会感到头脑里有什么崇尚的思想，于是就连天下是否有这样的思想存在也不再相信，虽然他还不能完全予以否定。"① 斯万已经不再相信这些思想的存在了，而且，因为他总是认为它们处于他现在所专注于的"及时行乐的满足"的对立面，似乎它们如果存在的话，只能存在于一架超越了时间的烦恼的"崇高的"飞机上。因此，他精彩的社交生活有效地驱除了寻找"任何崇高思想"的渴望。然而，正是通过这样一个社交场合——一个晚会——他才被听到的一首乐曲的"乐句"从嗜睡中唤醒：

---

① 普鲁斯特：《追忆似水年华》，第一卷第 229 页／第一卷第 210 页。

然而，就像某些多病的人到了一个新的地方，接受一种新的治疗方法，身体上莫名其妙地自发出现一种新的变化，就仿佛觉得自己的病大为减轻，因而开始看到今后有过与之前完全不同的生活的可能性一样，斯万这一回也通过对他所听到的那个乐句的回忆，通过他为了看一看是否还能发现这个乐句而请人演奏的某些协奏曲，在他自己身上发现了以前不再相信的一个看不见的现实；此外，仿佛音乐对他那干涸的心有一种治疗的作用似的，他也重新产生了把生活奉献给某一目标的愿望，甚至是力量。①

这种通过音乐传达给他的"看不见的现实"的本质会是什么呢？它具有从他身上引出"把生活奉献给某一目标的愿望，甚至是力量"的力量。尽管它留下印象，但是它不是他所能理解的现实；它的不可见性和不可知性是它的组成部分。正如当他听到这一"乐句"能感受到它一样，一旦这个声音停止了，他就会立刻感觉不到这种思想了。斯万得出结论，这种瞬间消失的乐曲的印象，可以说是无物质的印象。②的确如此，斯万离开聚会时已经无法哼唱出这个旋律，说出这首曲子的名字，或是得知作曲家的名字。但是，甚至当他之后在维

---

① 普鲁斯特：《追忆似水年华》，第一卷第 229—230 页 / 第一卷第 211 页。
② 同上，第一卷第 228 页 / 第一卷第 209 页。

第八章 普鲁斯特的音乐观念

尔迪兰家听到这首曲子之后,他弄清了这个"小乐句"是来自凡德伊的钢琴和小提琴奏鸣曲的行板——甚至当他得到曲谱并且能够反复听到这个乐句在钢琴上的演奏之后——他也不能比第一次听到它时更好地分离出它的"不可见的现实"。的确如此,在《追忆似水年华》第一卷整卷书中,斯万似乎对凡德伊的奏鸣曲始终保持了一种迷恋,就像他无法理解它的本质一样。他努力研究这个乐句,想要确定它的范围和节奏特征,在五线谱上标记一个音符,这些努力引领他确定了关于它的情感的结论;但是他认识到这些结论"不是基于乐句本身,而仅仅是基于某些对应物,它们(为了他思考的方便)代替了这个他已经意识到的神秘实体"[1]。

因此,这个"神秘实体"继续萦绕在斯万的脑海中;尽管他不能理解它,但是他并不怀疑它的重要意义。他的头脑在替代物上所捕捉到的——从来都不是音乐观念本身——在很大程度上与它作为思想的存在本身相关:尽管它通过声音来说话,但是它不能被缩减为声音的现象,因为它是属于"另一个世界,另一种秩序的"[2],正如普鲁斯特所写:他那个小乐句虽然为我们的理性设置了一层薄膜,但我们还是可以感到它如此充实、如此明确的内容,它又给这内容以如此新鲜、如此独特的力量,使得听众把乐句和凭智力获得的思想一视同仁地保

---

[1] 普鲁斯特:《追忆似水年华》,第一卷第380页/第一卷第349页。
[2] 同上,第一卷第379页/第一卷第349页。

存在心中。①

由于它仅在可感的世界展开,这种思想的概念——无物质性——被人们所知晓。正是这种观念的概念渗透在梅洛-庞蒂最后的作品稿子中。《可见的与不可见的》一书中"交错与交织"这一章最后几页就运用了普鲁斯特对于"音乐观念"的描述作为本体论的迁移,而梅洛-庞蒂一直在通过他的肉身的哲学来试图弄清这一点。的确如此,仅仅是提出和描述这种肉身的概念是不够的,正如"交错与交织"这一章的大部分篇幅都用来讲这种观念了。梅洛-庞蒂必须展示这种肉身——存在的深度维度——是如何掩藏这种观念的出现的。因此,他需要阐明一种来自肉身并且属于肉身的观念,通过相互不可能的连接而表达出的观念。这恰恰就是梅洛-庞蒂在普鲁斯特对于凡德伊的奏鸣曲中的"小乐句"的描述中所发现的东西。在《可见的与不可见的》一书中,梅洛-庞蒂声称:"在确定可见的与不可见的关系,在描写不是可感的对立面,而是可感的内里和深处的观念上,没有人比普鲁斯特走得更远。"② 在后来关于普鲁斯特和音乐观念的课程笔记中,梅洛-庞蒂问道:"它难道不是一个观念的普遍概念吗?"③

---

① 普鲁斯特:《追忆似水年华》,第一卷第 380 页 / 第一卷第 350 页。
② 梅洛-庞蒂:《可见的与不可见的》,第 149/193 页。
③ 梅洛-庞蒂:《课程笔记》(*Class Notes*),第 193 页(本书作者译)。这些来自《笛卡儿本体论与今日本体论》这门课的课程笔记预示了《可见的与不可见的》最后一章"交错与交织"的最后几部分的内容,并且有助于解释那一章中难懂的材料,尤其是关于梅洛-庞蒂对于普鲁斯特的研究。

第八章　普鲁斯特的音乐观念

的确如此，普鲁斯特写道："斯万把音乐的主旨看成是真实的思想，是另一个世界、另一种类型的思想，蒙着黑影、不为人所知、智力所不能窥透的思想，然而这些思想依然是完全可以相互区别。"① "蒙着黑影"和"智力所不能窥透"的思想（梅洛-庞蒂在叙述普鲁斯特的描述时强调的一个词组），② 这些音乐观念不被看作是还未被弄清楚的明白易懂的观念，似乎最终观看世界者能成功地分离和准确地找出它们的本质。它们的黑影——它们的深度——是组成部分：

这些真理不仅仅像物理实在那样被遮盖着，我们尚未发现它们，它们事实上是不可见的，但我们终有一天能够面对面地看见它们，而且对另外一些人来说，如果他们处的位置更好，如果屏幕的遮布被移开，他们现在就能看见它们。可是在这里却相反，不存在没有屏幕的看：如果我们没有身体，没有感觉，我们就不能很好地认识我们所说的观念，因此，观念对于我们来说，就将是不可进入的。"小乐句"、光线的观念和"理智观念"一样，不会在它们的显现中被穷尽，只有在肉体经验中才能作为观念给予我们。不是在肉体经验中我们发现了思考观念的机会；而是这些观念保持着它们的权威，它们迷人的、不可摧毁的力量，正是在

---

① 普鲁斯特：《追忆似水年华》，第一卷第 379—80 页／第一卷第 349 页。
② 梅洛-庞蒂：《课程笔记》，第 191 页（本书作者译）。

于它们在可感的后面或在其中心是透明的。[1]

这些音乐观念不能从它们的洪亮的表达中分离出来。它们从可感的"中心"起作用,不仅是因为感觉的领域提供了清楚表达它们的机会,而且因为它们引起情感的能力——一种促使斯万改变他的人生轨迹的力量——它来自表达行为的动态的实现。的确如此,如果没有使它出现的表演就不能说音乐观念存在(与其说乐师们在演奏那个乐句,倒不如说他们在举行为召唤这个乐句出现所需的仪式,在诵念为使它出现并使它的奇迹得以延续一些时间所需的咒语)。梅洛-庞蒂写道:"(音乐观念)因而它就不是像一个东西藏在另一个后面那样的事实的不可见的,也不是与可见的毫不相干的绝对不可见的,而是这个世界的不可见的,是居于这个世界之中,支撑这个世界,使这个世界成为可见的不可见的,是世界内在的和自身的可能性,是这种存在着的存在。"

因此,音乐观念既不能被缩减为一种现象,也不能缩减为一种明白易懂的观念。确切地说,它是操作性的——它支撑着这个世界。它阐明现象——它使其成为可见的。音乐观念实现转变——它不仅影响我们看见什么,还影响我们怎么看;它显示出一种定位的能力。

---

[1] 梅洛-庞蒂:《可见的与不可见的》,第 149—150/194 页(原文中加强调)。

第八章 普鲁斯特的音乐观念

音乐的这种启发能力解释了为什么当斯万被这个"小乐句"搅动内心时会感到这样一种充满激情的觉醒。他的人生呈现出全新的一面,似乎他灵魂的外形已经被改变了。的确如此,对于斯万来说,这个作为他对奥黛特的爱的"小乐句"不仅仅代表了他深深的喜爱,确切地说,可以说通过"小乐句"表达出的音乐观念使这份爱情得以存在。多亏了凡德伊的奏鸣曲,不仅奥黛特以一种全新的面貌出现,而且对于斯万来说,这个通过"温柔、激情、勇气和安谧"表达出的"小乐句"使他有了追求爱情的可能。斯万的性格、行动和渴望不可撤销地投射在音乐观念的魔咒下;他的人生轨迹改变了:"我们就不可能不认识它们,正如我们不可能不认识一个具体的物体一样,也正如当我们的房间里点上了灯,虽然屋里的物体都变了样,对黑暗的回忆也已不复存在,我们却不可能怀疑灯光的存在一样。"① 梅洛-庞蒂也将这个意义上的音乐观念比作了光:"人们已经说了柏拉图哲学,但是这些思想没有显而易见的太阳,而且它们是和可见光相关联的:可见的一层膜"不像一个显而易见的太阳那样能够清除所有的活动,所有的深度和阴影(因为它渗透性的力量会提供一个整体的思想,它超越了时间、空间和这个世界),可见光使一个具有阴影的世界成为可能——一个由不被看见的和不可见的组成的世界。在这种意义上音乐观念

---

① 普鲁斯特:《追忆似水年华》,第一卷第 381 页 / 第一卷第 350 页。

就像一层"膜"(正如塞尚画作里的"几个蓝色轮廓",物体的肉身和这个世界的肉身可以通过它们渗透和交织):音乐观念不是一个外壳或是皮肤,它不是一个物品,而是非一致性借以连接的黏合。甚至由于它可以被比作可见光的光亮,音乐观念断言存在不可见的,存在可见的与不可见的交织,即肉身。梅洛-庞蒂写道:

> 在一种是肉身经验的经验中存在着严格意义上的观念性:奏鸣曲的小段、光场的片段,都通过一种无概念的一致而相互联结着,这种一致和我的身体各个部分之间的一致,或者和我的身体与世界之间的一致是同类型的……因此我们就要去认识一种对肉身来说并不陌生的观念性,它给了肉身以轴心、深度和维度。①

这种通过音乐观念的理想深度又揭示出它本质的另一方面——运动。这种连接和我们身体各部分之间的连接是同一类型的,它清楚表达了那种我们之前所见梅洛-庞蒂在罗丹的作品中所发现的运动的感觉:不是朝向另一个身体姿势的运动,而是通过不一致性的连接的运动。的确如此,人们在谈论音乐时比谈论雕塑时更经常地提到运动。但是一个乐句中的音符是如何运动的呢?不是靠取代空格。梅洛-

---

① 梅洛-庞蒂:《可见的与不可见的》,第 152/196—197 页。

第八章 普鲁斯特的音乐观念

庞蒂写道，正如我们在第四章所得知的，"当听到美妙的音乐，他会有这样一种印象，这种刚开始的运动已经要结束了，它将要沉入我们所掌控的未来和过去"。正是这种时间上相互不可能的连接——开始和结束的连接，将来和过去的连接——才在音乐中创造出了运动的印象：我们可以把它理解为节奏。

然而作为不一致性的连接——作为深度、运动或节奏——我们不能在音符（也就是在斯万的"小乐句"可以听见的音调中）中确定音乐观念的位置。作为观念，它超越了它可以被听见的表达方式；这种音乐观念向我们展示了缺席的事物。这种观念本身显示出节奏，因为正如梅洛-庞蒂所描述的那样，它经常出现在"声音后面或是声音之间"的难以理解的空虚中，它将现在和过去紧紧联系起来。在这种意义上，我们理解梅洛-庞蒂的观点，即音乐观念这些不是肯定性，而是不同的存在中的一个。并且因为它作为节奏在声音后面或是声音之间，音乐观念本身就很不可能去直接掌握了。根据梅洛-庞蒂所说，正是音乐的或可感的观念是否定性或有限缺席，所以我们不拥有它们，而是它们拥有我们。他写道：

每当我们想立刻进入或把手伸向它时，或限制它，或撩开面纱看它时，我们就强烈地感到这种企图是错误的，就强烈地感到它随着我们靠近它而远离我们；解释并不给我们提供观念本身，

173

解释只是观念的第二个版本,是一种最容易控制的衍生物。斯万完全能够将"小乐句"紧紧束在音乐观念的坐标上,把它调到构成它的五个音符之间差别最小的地方,把它调到最能体现其本质和意义的两个音符的"差异极小极细微的音色"上:当他思考着这些音符和这种意义时,他就不再有"小乐句"本身,而是只有"方便其理智而代替他所感知到的神秘实在的简单的音阶"。①

这种音乐观念的"第二版本"指向了音乐观念的特点,即明确的时间性,它与观念和可感的交织相一致。音乐观念显示出一种肉身的时间性,即神秘时间。积极反思试图去将音乐观念上升到一种"肯定性"(也就是说,反思试图去除音乐观念的时间性),它的本质就悄悄溜走了,仅仅给斯万留下"某种对应物来代替(为了他思考的方便)这种神秘实体"。对于斯万来说,不仅仅是音乐观念的时间特性确保了分辨出固定本质的不可能性,因为节奏是通过建制的过程得以表达。在这种意义上,我们可以说音乐观念是"一种需要时间的理想"。音乐观念居于肉身的深度维度中,梅洛-庞蒂将其描述为"一系列事件和非时间感觉之间的维度,是深度历史或者理想起源的第三维度"。

因此,由于音乐观念产生于这样一种生成维度,悄悄溜走的它的

---

① 梅洛-庞蒂:《可见的与不可见的》,第 195/196 页。

第八章 普鲁斯特的音乐观念

本质不构成失败。它贯穿斯万和奥黛特恋爱的始终，确切地说，它提供了一种建立和重新建立一种新的感觉的可能性，以至于每次听到凡德伊的奏鸣曲都划定了一片具有潜在意义的开阔地。就像对于梅洛-庞蒂来说，普鲁斯特的音乐观念揭示了理想和可感之间的一层膜，所以音乐也提供了调查这种过去和现在互相交织的分歧中出现的奇怪的时间结构。梅洛-庞蒂写道：

> 这个旋律给我们一种特殊的时间意识。我们自然地认为过去分泌未来。但是这个旋律反驳了这种时间概念。当旋律开始的那一刻，最后一个音符以它自己的方式存在着。在一段旋律中，第一个音符和最后一个音符彼此影响着，我们不得不说第一个音符仅仅是因为最后一个音符才变得可能，反之亦然。①

第一个音符和最后一个音符之间有互相侵越，然而这种交织从未通过巧合实现完全的返回。这里揭示的循环性不是第一个音符和最后一个音符之间身份的循环，似乎当反向演奏这个旋律时，它的经验要保持不变。确切地说，这种"彼此影响"揭示的不是重复而是现在的深度。作为时间的肉身，作为节奏，这个旋律"超越了过去和现

---

① 莫里斯·梅洛-庞蒂：《自然：法兰西学院课程笔记》，罗伯特·瓦利耶（Robert Vallier）译，埃文斯顿：西北大学出版社，2003年，第174页。

在的区分，从内部实现了从一个到另一个的过度"。在这种意义上，梅洛-庞蒂在《课程笔记》一书中写道："音乐的意识是属于'永恒'的。"他在别处声称："理想存在，在所有时间中都存在"。他又写道："有一种非时间性作用于时间的内部，确切地说，它是存在于所有时间的。"正是音乐表达了这种存在于所有时间的特性——这种"属于'永恒'"的时间。音乐揭示一种时间，它作为深度的过去、现在和将来向前流动，然而它不是一个无法区分的时间，不是没有或超越时间的时间。在此，音乐中的这种"即时性"——时间序列的个体化——"它似乎是理想存在的永久性的障碍，但恰恰相反，它建立起这种永久性，因为它召唤了重复的出现。"

在《可见的与不可见的》一书的研究笔记中，梅洛-庞蒂将这种一致描述成"到达自身的形式，就是自身的形式，用自身的方式呈现自身的形式，这是和自己的原因等同的东西……自动调节，是自身与自身的连接，是间距存在这样的超越的深度的一致（动态的一致），是有——"。

这样一种通过建制参与到到达自身的时间过程的"深度上的一致"，是它自身起因的对应物，恰恰就是因为它不是模仿一个事先构想好的模式；它的反复确保了它通过产生新事物的能力的测量标准——缺陷时的"动态的一致"。这种它自身的缺陷，即这种不一致性，起到一种持续再生和创造性表达的开口的作用。这就是为什么音乐观

第八章 普鲁斯特的音乐观念

念从"声音之后或声音之间"出现。因此,在《课程笔记》一书中,梅洛-庞蒂写道:"音乐观念中激进的地方在于这样一种概念,知识体系是从这种调节作用中派生出来的,这种观念(概括化的音乐)即每首音乐都创造出它自己的地面。"也就是说,激进的地方在于音乐表达不是通过表现而是通过一种观念的起源,"从这种调节作用中派生出来",即从离开又返回它自身的过程中(也就是"用自己的方式呈现自己"),通过从未与过去绝对一致的时间的更新性(即"动态的一致")。作为参与到时间里的观念,这种音乐观念不是将过去保留为一种模式,而是一种潜在性——作为一种开放的维度,一种可能的生产力,一种充满了主动性的被动性——当再次想起它时,会觉得它已经存在于现在之中了。

因此,音乐观念就恰恰在于可以再次进入的东西;它通过在可感世界中的建制而实现普遍性,即它作为的观念的地位。的确如此,梅洛-庞蒂通过音乐观念写道:"进入一个世界,一个小的实体,一个到现在为止不可剥夺的维度,即通过异常而得到的普遍性。"需要强调的很重要的一点,这个重复过程是通过不是沿着一个序列,而是在深度之内的进入而进行的。的确,每次都有开始,不是作为起源的开始,而是回想着所宣告的开始的事实,作为一种转变性的剩余物,过量的东西,或是维度(正如节奏在一个乐句或是形式中的作用)。也就是说,因为再次进入观念不可能与"原始的观念"完全一致(因为它自己的时间运动取决于分歧,而不是起源),这种观念不是通过模仿来进行;确切地说,再进入是一种再生产,它可以在这个意义上来理解,即它再次在它内部生产:"怀有""爆发的力量"。恰恰是这种运动才使消极性被转变成积极性,正如兰波的"成为小提琴的木头"。这是表达的运动。因此,我们永远不能掌握的,即无法呈现的东西,它具有某种力量,一种涌现出的"迷人而不可摧毁的力量"。

在《可见的与不可见的》一篇重要的研究笔记中,梅洛-庞蒂强调了这种运动——通过这种运动特殊的和普遍的黏合在一起——开始思考(绘画)中的颜色,后来通过(音乐)中的和声来思考:

> 正是在黄色特性的内部,并多亏了这种特性,黄色才变成一个世界或是一个元素的——一种颜色才能变成一个标准,一个事实变成一个范畴(正如在音乐中那样:将一个音符描述为特别的,也就是说用另外一个音调来描述它——"同一个"音符就成了它在其中被写成音乐的音调中的音符)=朝向普遍性的真正运动。普遍性不是在上,而是在下(克洛岱尔),它不在我们之前,而是在之后——无调式音乐=未分化存在哲学的等价物。正如没有可辨别出的事物的绘画作品,没有皮肤的物体,而是给出了它们的肉身——这种可能转变是一个更加全面的颠倒次序的特殊情况,它的无调式音乐是主题化。这一切都暗示了未分化的

第八章　普鲁斯特的音乐观念

存在——

这种可感之物的普遍性＝不是原呈现的东西的呈现＝从无条件的存在中挖掘出来的可感之物，这个存在是在我的视界和他者的视界、我的过去和我的现在之间的存在。①

这个普遍性的肉身（作为"元素"——作为"不可呈现的原处呈现"，作为过去和现在之间的运动）是通过音乐而得以存在的。正是在这个可感的世界里，我们才揭开了理想本身的起源，通过一个不会从世界中分离出来但会影响世界的肉身的理想。

到目前为止，由于音乐观念的这种运动或连接是同样属于现在和过去的，那么正是一个人内部和表达的人生——一个人的记忆、希望和行动。对于普鲁斯特来说，音乐比其他艺术更好地承载了重新组织的能力——联合起来——一个连贯的感觉或是人生运动："音乐是比任何名书更为真实的东西，我不时想，其原因就在于我们对生活的感受不是以思想的形式出现的。我们是靠文学转译，即精神转译才使人们对我们的生活感受产生意识，分析阐释的。但是文学转译还不能像音乐那样，对生活的感受进行重新组织，音乐似乎跟随我们而变化。"这是一个引导我们通过存在的深度的存在的运动：作为存在的运

---

① 梅洛-庞蒂：《可见的与不可见的》，第 218—219/267—268 页（原文中加强调）。

动或是情感("我们对生活的感受")。运动通过演奏或重新组织唤醒的记忆、注意力和期望的连接而出现,以至于我们不仅有对人生的模仿或是描述,而且有和存在的回响。因此,梅洛-庞蒂写道:"音乐观念向我们保证,'我们那难以进入、令人望而却步的心灵之夜'并非空白,并非'虚无'。"普鲁斯特的一段文字引领梅洛-庞蒂从事这方面的研究:

> 展现在音乐家面前的天地并不是仅有七个音符的可怜的键盘,而是一个无限宽广的键盘,几乎还完全不为人所知,只是星星点点地散布着千千万万表现温柔、激情、勇气和安谧的琴键,中间被层层从未被我们探索过的黑暗所阻隔;这些琴键彼此之间有天壤之别,只为少数伟大的艺术家所发现,他们在我们心灵深处唤醒了跟他们发现的主题相应的情感,告诉我们,在我们原以为空无一物的心灵这个未被探索,令人望而生畏的黑暗中却蕴藏着何等丰富多彩的宝藏而不为我们所知。①

心灵"广阔"和"未被探索",但是尽管如此,也不是"虚无"和"空无一物",它从有生成力的深度维度中产生。这就是在普鲁斯

---

① 普鲁斯特:《追忆似水年华》,第一卷第380页/第一卷第349—350页。

第八章 普鲁斯特的音乐观念

特的小说结尾处马塞尔通过音乐所理解到的东西。甚至可以说当斯万没能真正完成献身于神的召唤时,另一方面,马塞尔却被转变了。这首曲子引出他内心极大的喜悦,比如他已经体验到的和将要体验的,它们在他一生中很少见。它引领他相信不像斯万那样,他不会无法听从艺术的召唤的,即一种有创意的和表达性的生活的召唤。音乐对于马塞尔的影响更加深刻,因为马塞尔能够通过凡德伊的曲子感知到这种有生成力的深度维度;不像斯万,马塞尔听了凡德伊的两首不同的曲子,即奏鸣曲和七重奏,因此,他能够将它们直接的连接理解为凡德伊的风格。因为当马塞尔开始在深度中听凡德伊的音乐时——当通过回忆将一个作品与另一个相比较,奏鸣曲和七重奏在它们之间开启了一个表达的维度——它确定了一个"准确无误的声音"或风格,它揭示出"灵魂的个体存在"的事实:

> 凡德伊多次重复一切乐句,翻弄花样,变换节奏。然后又恢复乐句的原状,此刻的相似性是故意的,是巧思的结果,它必定带有人工斧凿的痕迹,永远不可能跟那些隐蔽的、无意的,在两部不同的杰作之间焕发不同光彩的相似性一样引人注目。因为在后一种情况下,凡德伊致力于标新,反躬自问,用他自己的全部创造能量来达到自身的本质,而且达到了相当可观的深度,无论别人向他提出什么问题,他的本质总是用同一种重音,即他自身

181

独有的重音来做回答……它的确是一种独一无二的重音,一种准确无误的声音。伟大的歌唱家,即独特的音乐家们,不由自主返回到这一重音上来,朝着这重音的高度攀登。这重音表明,完全个体性质的灵魂确实是存在的。①

通过凡德伊的音乐给马塞尔留下深刻印象的不是表达的力量——"故意的相似性"的力量——而是共鸣的建立。而且,是在马塞尔对于"那些深度"(当通过不一致性从"两部不同的杰作之间"出现的)和"准确无误的声音"(作为风格的概念)以及"灵魂"(作为不可呈现的)之间的创造性关系的语境中才能更好地理解梅洛-庞蒂自己对音乐的研究。正如在《课程笔记》中题为"音乐"的部分的总结处,梅洛-庞蒂写道:"真理:在这种矛盾和论点的这一方,从内部可以接近外部,有一种在和在者之间的绝对关系——在源头所领会的一个思考和居于在与在者的人的示意:这就正是音乐的起源。"②

这真是梅洛-庞蒂所写的最好的笔记之一了。③他谈论从"内

---

① 普鲁斯特:《追忆似水年华》,第三卷第257—258页/第三卷第256页。
② 梅洛-庞蒂:《课程笔记》,第64页(本书作者译)。
③ 将这段关于音乐的引言和梅洛-庞蒂的关于反思之前的讨论联系起来考虑是很有用的。他说:在反思之前是还没有变成知识的"原始信念"和"原初观点"(参照第十章)。在《哲学家与他的阴影》中,梅洛-庞蒂颂扬了胡塞尔的作品,他写道:"相对于这种科学自然主义,这种自然的态度包含了一种我们必须重新获得的更高真理。"他继续写道:"在未被反思出的部分,有'任何论点的这一方所在的合成'……这种自然的态度毫不受对自然主义的可能的抱怨的损害而出现,因为它'在任何论点之前',因为它是所有论点之前的世界论旨的谜团。胡塞尔在另一种联系中说,正是

第八章 普鲁斯特的音乐观念

部"或分歧自身(是肉身,不是心灵也不是身体)来"接近"世界的开口;谈论和存在与世界的既不相关也不武断的关系;从表达的根源来谈论表达。在《课程笔记》中他继续写道,"音乐是一种过时的轴心"①——"过时的",我们可以从动态的本原这个意义上来解读,因为音乐的运动揭示了原初的不可呈现的存在,回溯的现在的事实。(回想他在《可见的与不可见的》一书中所写的,"那么我们就要去认识一种对肉身来说并不陌生的观念性,它给了肉身以轴心、深度和维度。")② 他写道:"音乐在表达之前就显露了表达。"③ 我们必须严肃地对待梅洛-庞蒂在《课程笔记》中所探究的关于音乐的交错性构成,因为在《可见的与不可见的》中,他非常精确地描述了他的新本体论的目标,即"表达之前和从后面支撑它的表达"④。

因此,我们怎么能惊讶于《交错与交织》最后几页的突然和欣喜的语调呢?因为就是在这部分,这个宣称分歧性、不一致性和"总

原则上无法用清楚明白的知识翻译出的比任何'态度'或'观点'都古老的原始信念和根本的原初观点才给了我们世界自身,而不是一个世界的表达。"梅洛-庞蒂:《符号》,第163—164/第265—267页(原文中加强调)。正是在这种意义上我们必须把梅洛-庞蒂所说的音乐特点理解为居于"矛盾和论点的这一边":音乐"给我们世界本身,而不是世界的表达"。这个语境也有助于阐明梅洛-庞蒂的评论,即音乐"在世界这一边太远了,它是可以指定的去描述除了某种存在图示之外任何事的——它的盛衰,它的发展,它的剧变,它的动荡"。梅洛-庞蒂:《眼与心》,第123/14页。
① 梅洛-庞蒂:《课程笔记》,第65页(本书作者译)。
② 梅洛-庞蒂:《可见的与不可见的》,第152/197页。
③ 梅洛-庞蒂:《课程笔记》,第65页(本书作者译)。
④ 梅洛-庞蒂:《可见的与不可见的》,第167/219页(原文中加强调)。

在逼近但事实上从来没有实现的可逆性"①的作家写道:"当人们谈论'光',当音乐家们达到这个'小乐句'时,我之中没有任何间隙;我所经验的像肯定性思想(可能是的)那样'确实''确定'。"② 怎么会没有间隙? 因为人们不可能说间隙已经不在那儿了。这个间隙就是有——这个必要的"向事物本身和过去本身的开放"③。正如我们所见,音乐观念是"一种不是虚无的否定性"。没有这种间隙就没有世界;多亏了这种间隙,才有一种沉默通过节奏填满了我,一种作为互不相容的连接的共鸣的沉默充满了我。这是一切运动和表达的来源("表达之前和从后面支撑它的表达"):"在源头所领会的一个思考和居于在与在者的人的示意。"④ 而这种从深度之中跳跃出的"超越了矛盾",没有反抗和没有"掌握位置"的音乐观念,在分歧之内控制了我们。⑤ 居于这个维度,我们没有感觉到它是一种分歧;我们没有从外部接近它,而是像"从内部"一样通过它——通过肉身而活着。在这种存在的肉身的中心——这种交错性的中心——不是"虚无",而是超越,这就恰恰是音乐家所感受到的东西。

在这样一个时刻,梅洛-庞蒂写道:"演奏者不再制造和再造奏鸣曲:演奏者是在自我感觉,其他人通过旋律来感觉演奏者,旋律如此

---

① 梅洛-庞蒂:《可见的与不可见的》,第 147/191 页。
② 同上,第 151/196 页。
③ 同上,第 124/163 页。
④ 梅洛-庞蒂:《课程笔记》,第 64 页(本书作者译)。
⑤ 同上。

第八章　普鲁斯特的音乐观念

突然地通过演奏者来吟唱或者呼喊,以至于演奏者必须'冲上琴弓'去追随它。"[1] 因此,小提琴手自己成了侵越、缠绕和交织的通道,他将深度的维度开启为来源。梅洛-庞蒂得出结论:"而这些在声响世界中开启的旋流最终形成一个观念在其中相互一致的世界。"[2] 因此,正是音乐给梅洛-庞蒂提供了这个模式,他在《可见的与不可见的》最后几篇研究笔记中写道,"从根本上讲,我把高低之分"——也就是说,理智的和可感的之分——"引入了旋涡之中,在这种旋流中,高低之分与一面和另一面之分连接在一起",也就是说,在场(现在)和缺席(过去)之分——"而这两种区分又与普遍维度性相融合"。[3]

---

[1] 梅洛-庞蒂:《可见的与不可见的》,第 151/196 页。
[2] 同上。
[3] 同上,第 256/313 页(原文中加强调)。

第九章
德彪西：自我达成的形式

> 歌曲源于这些分歧与变化之中，他们是一切音乐的源泉。
>
> ——马塞尔·普鲁斯特《追忆似水年华》

在《牧神午后前奏曲》中，我们也许能够领会，音乐思想的传递即通过音乐的形式，就像我们所看到过的一样，一首曲子从寂静中开场最后又回归于寂静之中。《牧神午后前奏曲》这首曲子是以这样一种形式构成的：这首曲子不是线性发展的，而是像贝壳一般，处于旋律与和声接连不断变化的环绕之中。曲子形式的表现依据计量器、音乐编配、音区和音乐力度等决定因素的变化而变化。这种贝壳形式——空心，适于居住——能够完全表达出音乐思想吗？这种形式不是固定的——不可能占据头脑，而仅仅是一种分泌。

对于德彪西来说，音乐，从本质上来讲，是"由有趣的细节和节奏化的乐拍构成的"。① 在第七章中，我们说"有趣的细节"是指通过和声和音质所表现出的深层奥秘。然而，对于德彪西来说，这里运用的是哪种节拍呢？"节奏化的乐拍"不仅仅是指运用音乐要素——

---

① 引自里昂·博特斯坦（Leon Botstein）：《超越现实主义的幻想：绘画和德彪西打破的传统》，载于《德彪西和他的世界》，简·富尔彻（Jane F. Fulcher）编，普林斯顿：普林斯顿大学出版社，2001年，第160页。

第九章 德彪西：自我达成的形式

的确，德彪西最为人称道的艺术成就之一就是，他将乐节从小节线的束缚之中解放出来。在《牧神午后前奏曲》这首曲子中，乐素变化是流动的，低调隐晦的；其强拍的节奏感比创造出午后斑驳色彩的灯光变换的节奏感更弱。有人试着阐明这里所运用的节拍的特定种类之时，就必然不可仅仅把节拍看作两个音符或两个和声之间时值的测量手段。"节奏化的乐拍"跨越多层次运作：在一段旋律的音符之间，它会发挥作用；在和声变换之间，它会发挥作用；但是，在乐曲的完全展开之下，也就是我们所说的音乐形式之下，它仍然在发挥作用。

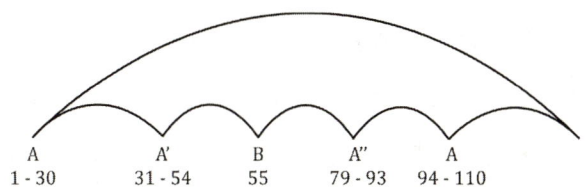

图 9.1 音乐形式基本图解（类似拱形，B 在第 55 小节构成拱形中央）

对《牧神午后前奏曲》音乐形式的准确划分，在当代音乐理论家之中，仍然存在着分歧。然而，大体上得到最多认可的是，这一乐曲创造了拱形形式——在第 55 小节上升至华丽的主旋律，最终，又回到阿拉伯风格曲乐旨——不同学者分析这种形式的细节，产生了相互矛盾的解说。威廉姆·奥斯丁认为：

哲学的启迪

当我们聆听这首曲子的时候，会发现曲子的各个部分似乎是相互交叉重叠的，整首曲子具有一种极其顺畅的连贯性。回味其中，虽印象深刻意犹未尽却无法准确把握。我们发现在难以把握的乐节之间具有相似性，但是，除非专注于很小的乐节，否则发现不了整个乐句或平衡乐句的乐旨发展中具有的确切的重复和习用的变换。最后，我们知道自己已经听到一种蕴含旋律的主要思想的多种表达版本，但却怀疑自己也许错过了，那种思想的最清晰的表述。回想最开始的部分：我们应该把其称作一个介绍引入吗？如果是这样的话，那么主体部分又是从哪里开始的呢？我们清楚，在乐曲中间的某个地方，这种主要思想为另一种思想所取代或发生极大的转变，因此，到了乐末曲终，我们才能欢迎，它以近似其很久之前所采用过的形式回归；然而，如果我们像很多学习这首乐曲的学生一样，试着将其划分为三个主要的部分——开头，中间，结尾，或者ABA'——我们就可能会无法同意彼此的观点，陷入误解之中。顺便提及，这一切的一切，《牧神午后前奏曲》这首曲子和其诗歌都极为相似。[1]

---

[1] 克劳德·德彪西：《牧神午后前奏曲》，威廉姆·W. 奥斯丁（William W. Austin）主编，纽约：诺顿出版社，1970年，第71页。

第九章 德彪西：自我达成的形式

例 9.1 德彪西，《牧神午后前奏曲》，第 37—39 小节双簧管主旋律，和第 55—56 小节的音乐材料做比较（第七章，例 7.5）。

当然，奥斯丁，对于我们在理解《牧神午后前奏曲》这首曲子中面临的挑战，进行了一种最为诚实而引人入胜的描述。然而，大体来说，我们认同这种对于乐曲形式的概括。有相当一部分能够为人所清楚地辨别出的表达：第 30 小节的收束（第 31 小节中加入全新的黑管乐素），第 55 小节的华丽旋律，第 79 小节阿拉伯风格曲的回归（进入 E），第 94 小节阿拉伯风格曲的摘要重述（如同开场中从 C♯ 变换到 G♮）。

对于这些表述的内部章节的判断划分，有另外一种不同的解说。例如，一位作家，将第 1—10 小节看作介绍引入，将第 37 小节（双簧管主旋律）看作 B 节的开端。另一位作家没有指定这样的介绍引入部分，而将第 55 小节看作 B 节的开端（华丽的 D♭ 主旋律）。这两种分析之间的差异告诉我们，音乐要素中的某些东西在于乐曲本身。那就是说，我们可以将其不吻合处作为理解音乐形式的关键。

关于其开头部分，一方面，有人能听出，就主旋律及和声乐素来说，开场的十个小节和之后的小节是紧密相连的，因此任何将那些开

191

场小节定为介绍引入部分的划分都是没有必要的;我们以一种思想进行划分,将直到第31小节及之前的部分指定为一个新的章节(A')也是没有必要的。另一方面,有人或许听出,第37小节的双簧管旋律与第37小节的长笛曲调截然不同,但却与 D_b 大调中木管乐器的旋律密切相关,因此 B 章节的真正开端不在第55小节而是伴随着第37小节的表达在更早的长笛旋律中。这种解说再一次指向音乐要素的某种结合,但却跨越了乐曲的不同章节。哪一种解说是正确的呢?判断正确与否是对比这两种聆听方式哪一种使乐曲的结构更容易理解呢?综上所述,这两种解说,跨越了《牧神午后前奏曲》这首曲子的各个章节,所揭示的是总曲主旋律的整体融合感。的确,这种整合感是这首曲子的一大特点,因此,有人会说,《牧神午后前奏曲》这首曲子不仅铸就了某种拱形形式(ABA'),而且运用了主旋律和变换技巧。似乎只有一种思想表现出乐曲的推进发展。

然而,德彪西如果运用主旋律和变换技巧来创作乐曲,那么这种主旋律和变换就不会是以一种普通常规的方式展开。正如奥斯丁所写:"最后,我们知道自己已经听到一种蕴含旋律的主要思想的多种表达版本,但却怀疑自己也许错过了那种思想的最清晰的表述。"[①] 的确,倘若正如我们在第七章所探索的那样,一个由两个三全音($C_\#$-

---

[①] 德彪西:《牧神午后前奏曲》,第71页。

第九章 德彪西：自我达成的形式

G 和 B♭/A♯-E）构成的完全消失的第七和弦，决定着整首乐曲的展开方向，事实上，这种特殊的和声从未作为一种立式音响为人们所听到，而是只有在第 99 小节的下半段才能以一种卧式音响为人们所听到——在乐曲结束前的 11 个小节——在那里，从旋律上来看，长笛引领第 100 小节的强拍从 E、G、A♯ 降调到 C♯，更准确地说，这就是阿拉伯风格曲通过从 C♯ 到 G♯ 的降调分解三全音的地方。那就是说，如果用这种音响作为主旋律的话，我们只有在它最开始进行分解的时候才能听到。[①] 的确，从作曲上来说，这个第 99 小节完全消失的第七和弦不会以任何方式突出强调；它听起来位于整首曲子中最轻柔的部分，声音逐渐消失。因此，作为主旋律，可以说，其存在于一种消极的成分中：它同每种听得到的变换中无声的另一面而运作。

这样，《牧神午后前奏曲》的形式就有意地动摇了在整个 18、19 世纪中使用的主旋律和变换的经典模式，在那种经典模式下，一种清楚阐述的主旋律支配着各个部分的变换，这些变换是通过如同模仿一样的相似行为派生而来的。在这种经典模式下，设定主旋律的同时也决定着乐曲的变换。我们也许会说，在梅洛-庞蒂的思想中，这种经典模式是一种"形而上学"的模式。[②] 然而，德彪西的方法十分与众不同，因此听众不能明确指出乐曲结构的细节。如果主旋律或思想不

---

① 对于乐曲本节更详细的分析见第七章。
② 梅洛-庞蒂：《眼与心》，第 132/42 页。

是长笛旋律,而是永远不能成为主旋律的一组音程——的确,作为一组音程是永远都听不到的,除了在第99小节的最后两个节拍——这样,主旋律与其变换之间的普通关系在这里就发生了转变。此外,《牧神午后前奏曲》通过频繁使用乐句省略、迷惑性的决议、三全音关系、加长的和声音拍,其乐曲形式的出现似乎不是来自提前设定的模式,而是源自完全属于乐曲本身的世界。从这种意义上来说,音乐形式是自主产生的——它是"自我达成的形式,就是自身的形式,它通过自己的方式展现自己"①——它就像我们看到过的梅洛-庞蒂所写的那样,它"创造了自己的博登"②。

正如我们从梅洛-庞蒂身上所学到的,了解这种音乐形式的唯一办法就是走进其中。这就是我们可能通过旋律理解形式的方式。

*

因此,我们必须回到乐曲开头部分,跟随正式表达的重点。正如我们在第四章所得,长笛阿拉伯风格曲开启整首《牧神午后前奏曲》乐章。然而,乐曲开头部分自己又回到了比开场 C♯ 更往前的地方——回到了气息之中,回到了乐曲本身:在这样的开头中,维

---

① 梅洛-庞蒂:《可见的与不可见的》,第 208/258 页。
② 梅洛-庞蒂,《课程笔记》,第 65 页(**本书作者译**)。对这一观点的分析见第八章。

第九章 德彪西：自我达成的形式

度穿越维度交叉折叠——期望未来与追溯既往的不一致在深处持续存在。这样的话，我们怎么能够仅仅把这称为一个介绍引入呢？它通过建制而运作。在最开始的阿拉伯风格曲随后发生的"变换"和在其之前的寂静部分，是为了限制长笛旋律的阴影，即空心的空间。这种变换和寂静表示，那里没有表达出的乐曲主题蕴含在旋律背后。的确，主题表达不是通过旋律中的音符的重复，而是通过差异性——不吻合性——存在于阿拉伯风格曲的每次重复之间，有新的音乐乐素的涌现：D 大调的和音（第 11 小节），C♯七小调（第 21 小节），B 第九和弦（第 23 小节），E 第九和弦（第 26 小节）。同样地，阿拉伯风格曲的扩展（第 22、24、27 小节）使对位乐素、半音阶转变为中提琴和大提琴（第 22 小节和第 27 小节）作为伴奏引入成为可能，在第 28 小节的旋律中发展成为降调的三连音符，指向第 30 小节的结尾和弦（见第四章，例 4.5）。

第 31 小节的特点可能会被描述为一段全新的截然不同的黑管旋律，位于由三全音关系派生而成的和声之上（在这种情况下，一个法国人增强第六和弦和全音音调，正如我们在第七章探索的那样）。然而，这也与阿拉伯风格曲相关（比较第四章的例 4.1 和第七章的例 7.2），这里，黑管通过持续三拍，来突出音符 G——当然，G 音最开始的音调说明了阿拉伯风格曲中最初的三全音关系（C♯–G）。在小节末尾，黑管从持续的 G 音到 D♯的降调，缩短开场长笛旋律的三全音

哲学的启迪
The Rhythm of Thought

间隔（那是指消失了的第四音级而不是增强的第四音级），但是在第 32 小节升调至 $E\sharp$ 引起了音域的相似扩展（如第 3 小节的长笛）。黑管除了因其截然不同的特点给人留下即时的听觉印象，还展现出乐曲展开下的主旋律的另一层面。有顺序的存在（在第 34、36 小节，强调音符 $B\flat$——也就是，主旋律三全音关系的指示音调），这一事实引起了"双重"作用（梅洛-庞蒂将其描述为一种联结或缠绕），这种作用是长笛旋律的内部重复（第 1 小节和第 2 小节）和第 7 小节 $D\flat$ 第七和弦重述的鲜明特点。这样，尽管正式阐述随着第 30 小节的结尾和弦而出现，但是第 1—30 小节和第 31—36 小节的音乐乐素以一种统一的姿态涌现。拓展运用这种观点，我们看随后的第 37 小节的双簧管旋律——确定哪个是 B 节开头的特点，是截然不同的——回想阿拉伯风格曲，又是因为其富于表现力的降调（这次不是像在黑管旋律中那样，缩短消失的四度间隔，而是拓展成完全五度）。双簧管的下一个上升的主旋律，在第 39 小节，勾勒出一个三全音的轮廓（$G\sharp$-D），在这里，通过起到一种类似镜子的作用，进一步确认与开场长笛阿拉伯风格曲之间的关系（开始的长笛旋律大概展示一个三全音，在第 3 小节，又突出强调一个在 $C\sharp$ 和 $G\sharp$ 之间的完全五度；而双簧管在第 37 小节大概展示一个完全五度，在第 39 小节，又突出强调一个三全音）。这种双簧管旋律——长笛阿拉伯风格曲的镜面反映——导致上升的主旋律从第 39 小节转换到第 55 小节的 $D\flat$ 的动人旋律，这

第九章 德彪西：自我达成的形式

就像第 7 小节的旋律降调完全五音。这两段旋律关系紧密，因此人们能够将其看作同一正式章节的部分旋律，理解倾向。

然而，在曲子的中心——很多听众认为是 B 节——这首曲子，在完全五音和三全音之间，展开时一直以一种旋律关系贯穿全曲的变换表达，听起来是一种同时性的旋律：木制乐器降调完全五度的旋律结合着低音乐器在三全音基础上的和声旋律（如第 56 小节 D_b–G 引起了全音音调集合）。那是一种卧式音响和立式音响的结合（见第七章，例 7.5）。然而，五度音程和三全音之间的矛盾冲突在其动听华美之中猛增。轻柔，持续，富于表现力，木制乐器 A_b——最初的音调为开场 $C\sharp$–G 三全音服务（与 $G\sharp$ 同音异名）——是神奇的。木制乐器达到高音区——长笛、双簧管、英国管和黑管齐唱——表现出全面降调的顺序，生动有力地展现出三连音符的转变（也就是，我们在第 28 小节第一次听到的旋律转换）。这种乐素塑造自己的双倍效果，把弦乐器的旋律重新编排，加入更多活跃的伴奏成分，跨越第 63—73 小节进行扩展，在上升的主旋律（第 39 小节）和三连音符的转变（第 28 小节）中，热烈的感情充分释放，在第 70 小节达到高潮（乐曲中唯一用极强节奏的音是以钢琴或最弱的音节为最显著的特色）。最后，通过第 74—78 小节，曲调优美旋转融入旋律片段的缓慢涡流之中。

例 9.2 德彪西,《牧神午后前奏曲》,第 79—82 小节,长笛。这段阿拉伯风格曲标志着从 A 部分的物质回归。

例 9.3 德彪西,《牧神午后前奏曲》,第 83—84 小节,双簧管。这段轻快的旋律运用了第三小调（缩短自开头的三全音长笛阿拉伯风格曲）

第 79 小节表明了 A 节乐素的回归,如长笛阿拉伯风格曲,未表达的部分从第 26 小节开始又重新进入其中（尽管是在 E 大调和旋律替换当中）。在第 83 小节被一段轻快的双簧管旋律打断,如同第 31 小节的黑管旋律的特点就是缩短的降调（但是在第三小调的间隔之中）,阿拉伯风格曲在第 86 小节回归（以 E♭ 大调）,在第 90 小节屈从于另一种轻快乐素的重复（这时是英国管）,在第 94 小节进行真正的摘要重述。这里,在一个 E 第七和弦之上——其根源将作为曲子的终结——阿拉伯风格曲以其最初的形象呈现,特点是 C♯-G 的三全音间隔。然而,三全音转变作为乐曲分解的能量,塑造了第 28 小节,指向第 30 小节的结尾和弦,从节奏上来说,这种转变在第 96—99 小节增强,从而产生的影响是木制乐器的降调突然延长。在闪闪发光的颤

第九章 德彪西:自我达成的形式

音弦乐上产生的慵懒旋律(在键盘上产生并且表现出乐曲中最弱音)延长对于阿拉伯风格曲的最后的长笛表达的期望,第 100 小节,这一旋律分解三全音为完全五度($C\sharp$-$G\sharp$)(见第七章,例 7.6)。完全五度在旋律转换到双簧管之前(第 103 小节),通过一个三拍的上升半音音阶,自我环绕(第 102 小节)。这里,双簧管通过一个完全五音(从 C 上升至 G,与长笛的 $G\sharp$ 形成对比),上升(如第 3 小节的主旋律),但又慢慢循序渐进地降调到结尾音符 E,第 106 小节。因此,正如我们在第七章所看到的那样,最初使曲子作为一个整体而进行的三全音以两种方式被分解:一方面是长笛中的降调完全四度(第 102 小节),另一方面是双簧管中的升调完全五度(第 103 小节)。由此,只有回声——弱音号角和低音小提琴——重复着阿拉伯风格曲的低声呢喃,乐曲轻柔,祥和,慢慢接近尾声。

*

这种分析到哪儿就结束了呢?人们能够——而且应该——注意,这种分析留给我们的不是音乐本身,就像普鲁斯特所写的《凡德伊奏鸣曲》,留给我们的只是"某些对等物,替代了神秘的实体本质(为了方便思考)"[①]。但这种做法也不是没有一丝优点,它跨越了语

[①] 普鲁斯特:《追忆似水年华》,第一卷第 380 页 / 第一卷第 349 页。

言，为我们提供了一种围绕中心的方法。我们可以只把这个中心想成一个空洞，也许，语言的匮乏通过获得我们不断指向那个空洞的信息而能够很好地发挥作用。音乐不能也永远不应该被局限定义。但是，一种有趣的结构出现——正式的结构的特点在于其沉默、空间、富于表达。倘若，既不能把《牧神午后前奏曲》这首曲子描述为拱形结构（ABA'），也不能把它的结构称作一种主旋律和多种变换，那么最好认为其形式是根据这二者之间的互不吻合性而产生的。人们所能提出的任何一种单一的模式都不能用来理解《牧神午后前奏曲》的形式：我们的分析所揭示的内容是——通过和声、旋律、音色——一种形式感，这种形式是自我集合、自我塑造的，或者相反地，是通过"类似折叠伴奏"而激增的。[1] A 节的一系列阿拉伯风格曲表达，例如，围绕跨越至第 79 小节的阿拉伯风格曲和第 94 小节摘要重述。另外，在 A 节，第 37 小节双簧管旋律降调完全五度，继续推进到 B 节第 55 小节动人的木制乐器旋律，又降调完全五度。这两节依据一种联系展开——一种"薄膜"——可以通过二者之间的旋律变换，互相缠绕而看出。[2] 此外，这两节还加入更广阔的共鸣之中。这种共鸣发生在开场的阿拉伯风格曲表达和第 79 小节回归的阿拉伯风格曲之间，阿拉伯风格曲降调三全音的主旋律产生了 B 节第 37 小节和第 55 小

---

[1] 梅洛-庞蒂：《可见的与不可见的》，第 152/197 页。
[2] 梅洛-庞蒂：《课程笔记》，第 194 页（本书作者译）。

第九章　德彪西：自我达成的形式

节的降调五度。通过这些关系，我们可以得出，即使听不到阿拉伯风格曲声音的时候——即使阿拉伯风格曲没有出现——它仍然活跃地发挥着作用。然而，阿拉伯风格曲在内部跨越变换自我集合的同时，它也在向外推进，通过 B 节之中的差异（旋律上，和声上，音韵上，音乐力度上）激增。各种变换的结合与拱形形式的差异性之间的相互作用让音乐的自由和流动性表达成为可能。因此，我们所听到的音乐形式不是线性的；它的推进是多维的，深奥复杂，无法用线性描述出来。在《牧神午后前奏曲》这首曲子的音乐形式中，总有一些分歧差异或不和谐的因素在发挥作用，蕴含着一种层次感和深层奥秘。音乐形式正是源于这种深层奥秘，油然而生。

正如我们看到过的梅洛-庞蒂以一种音乐观念所写的："没有内容的假设，只是打开了一个维度，就再也不能将其关闭。"[①] 他继续写道："音乐观念不是一种积极的思想，而是消极的或受限的缺席。"[②] 我们永远都不能直接理解或掌握，但其创造了乐曲的表现力。《牧神午后前奏曲》从未一下子呈现一种思想观点，其观点呈现完整却分隔为多个部分。思想的完全表达依赖于音乐主旋律的连续性。从这一意义上来说，变换则不是源于主旋律；同样地，梅洛-庞蒂关于哲学思想的建立曾说，这些变换所起的作用是让音乐表达出其起初没有完全表达出

---

① 梅洛-庞蒂：《可见的与不可见的》，第 151/196 页。
② 同上。

来的内容。① 它们是具有创造性地自我产生的，而不是模仿而来的。它们总是通过音乐的拓展和集合，返回到之前的部分，表达一种之前没有得到完全呈现的思想。例如，第94小节的长笛阿拉伯风格曲不仅仅是对已经表达出的内容的一种回应，也存在着不吻合的地方。从这种意义上来说，音乐思想不能模仿或重复，因为表达的乐章是在一种对过去的回应当中进行的。这种思想——有种隐形的纽带将过去的经历与其形成的变体联系在一起②——使重复的作用发生转变；重复转化为共鸣。

从这种意义上来说，节奏十分重要。的确，梅洛-庞蒂在其最早的对于音乐的描述中就提出这种节奏感："分开表达的音符有一种难以理解的意义，这些音符能够进入可能发生的合唱的无穷世界中。在旋律中，内容的表达要求每一个音符的存在，又分成不同的部分，但其所表达的某些内容又没有被包含在任何一个音符之中，而是将它们从内部联结在一起。"③ 这里所说的不包含在单个音符中却能够"将音

---

① 梅洛-庞蒂写道："很明显，胡塞尔本人从来没有得出一个仅有的本质直观，对于这个本质直观，他没有在之后继续占领和重新修订，也没有否认它，目的是把它开始没有表达出来的东西表达出来。"在这种层面上，我们可以说，哲学性的写作在形式上具有音乐性。同上，第116/153页。
② 梅洛-庞蒂：《可见的与不可见的》，第116/153页。
③ 梅洛-庞蒂：《行为的结构》，奥尔登·L.费舍尔译，匹茨堡：杜肯大学出版社，2006年，第87页。原版法文书名为"La structure du comportement"，巴黎：法国大学出版社，1942年，第96页。梅洛-庞蒂的描述是对普鲁斯特的一段文字的追忆，即马塞尔为马丁维尔的双尖塔的景色而感到震惊，接着他便试图将这种印象表达出来的时候："隐藏在流动性背后的更多，是那一瞬间就可以克制和隐藏自己的发光体。"普鲁斯特：《追忆似水年华》，第一卷第196页/第一卷第180页，这里的"更多"可能就是关于节奏的思考，详见第十章。

第九章 德彪西：自我达成的形式

符从内部联结在一起"的"某些内容"就是节奏。节奏——自身不能被听到或看到，但是作为一种薄膜，通过预期和回溯，承载着音乐整体——表达思想；节奏表达思想不仅仅是在节拍上或通过节拍来表现，而是让节拍自己发挥作用。因此，梅洛-庞蒂在描述思想的确立时写道："有双重运动的存在：现在弥补过去并且将过去压缩，同时过去又预示了现在并且在现在进行中仍然在发挥着作用。"[1] 例如，乐句（从局部来看）流动要根据音符模式，处于关联之中；又如，音乐形式（从更广阔的角度来看）引起重复、变换、发展，这种"双重运动"就是节奏的作用。因此，音乐大多直接塑造开头，思想从中涌现；它让思想具有节奏性。

我们必须强调，这种节奏性的结构运行不是水平式的（意思是说，作为一系列事件之间的纽带），而是在多层次上发挥作用，是立式的。"每一次呈现都是多维的。"梅洛-庞蒂写道。[2] 因此，有"'深层'的现在"——一种"'立式的'思想"[3]。梅洛-庞蒂谈到这种呈现的多层次认为是"（彼此之间）相互交织的跨越。那不是固有和随意的混合。它发现了第三维度，发现哲学，发现本质——这种生动的呈现将不可见的现在和过去联系起来，是一种不受限制的实体，是立体的"[4]。

---

[1] 梅洛-庞蒂：《胡塞尔现象学的界限》，第 31/37 页。
[2] 同上，第 45/54 页。
[3] 同上，第 15/15 页。
[4] 同上，第 16/16 页（原文中加强调）。

因此，我们不应该把这种"相互交织的跨越"想象成二维的混合；它还涉及"对第三维度的发现"——深度。梅洛-庞蒂认为，多维的呈现，是定义一种比可见的表达更丰富的呈现方式。① 有一种超然性。的确，通过节奏，"不可见的"东西与现在联结在一起：过去的不可见和未来的不可见。然而，这种"结合"，从来不是一种提前建立的、决定性的占有。我不仅能够看到过去的整体，还能遇见未来；然而，在领会的一瞬间，过去和未来一同出现，就像他们一直就在那儿，与现在一同存在。一种未卜先知的能力发挥作用。这种多维的呈现产生了共鸣，通过这种共鸣，某些事件分解，其他的事件增强，并达成一致。"节奏化的节拍"达到了同时性的一定深度。

在《课程笔记》中，梅洛-庞蒂紧跟对普鲁斯特音乐观念的研究调查，通过转而研究诗歌，探索同时性这一观点。梅洛-庞蒂就同时性引起乐章和节奏而言，将其描述成"空间的统一；时间的统一；空间和时间的统一……但是，这种统一不是模糊不可识别的，而是不可共存的，是具有侵占性隐晦性的"②。同时性不能被认为是一种完全的呈现或综合体。伴随着乐曲推动和节奏，未呈现的和不吻合性也在发生作用。梅洛-庞蒂引用了克洛岱尔下面这段话：

---

① 梅洛-庞蒂：《胡塞尔现象学的界限》，第27/31页。
② 梅洛-庞蒂：《课程笔记》，第199页（本书作者译）。

第九章 德彪西：自我达成的形式

"地球上的每个小时里，所有的小时又都是同时存在的；无论什么季节，四季也是同时存在的。"女裁缝在圣厄斯塔什塔的表盘上看见已经到了正午的时候，第一缕微弱的阳光穿透弗吉尼亚州的树叶；一群抹香鲸在南方的月光下嬉戏。伦敦下着雨，波美拉尼亚飘着雪，巴拉圭遍地玫瑰，墨尔本高温炽热。这意味着，无论任何事物存在都永远不能终止存在，即使是时间，在其转瞬即逝的方面表达着存在，也意味着永恒，不可阻挡的必然。①

对梅洛-庞蒂来说，时间的统一"在其转瞬即逝的方面"就是同时性（这里所说的同时性，就像我们从引用弗吉尼亚州、伦敦、波美拉尼亚等中所得到的那样，跨越了时间和空间二者的差异性）。在《课程笔记》中，梅洛-庞蒂写道："我在那儿（过去），在那儿（空间的），在这儿，我度过的每个小时都是所有的小时，度过的每个季节都是四季。不是参照本质或思想，而是跨越存在的肉身中的差异性。"②

因此，克洛岱尔的同时性既不是非时间范畴的，也不是非空间范畴的。③它不是通过消除差异才能表达出来；相反，没有分歧就不会有统一。在分歧的核心——在每个小时，每个季节的核心——同时性

---

① 克洛岱尔：《诗艺》，第25—26页。
② 梅洛-庞蒂：《课程笔记》，第200页（本书作者译）。
③ 的确，在这方面，梅洛-庞蒂在《课程笔记》中写道，克洛岱尔的"反柏拉图主义"，正如他对于普鲁斯特的音乐观念所做的那样。同上，第201页。

涌现。正如克洛岱尔所写，有一种"具有生成能力的基础的差异"①。有一种"有效的和谐"②——一种"均衡"③——"协调的构成"④。(人们说，在克洛岱尔的话中有一种音乐性。)他认为："存在就是创造。一切存在的事物都要倾听，协调，创作。"⑤克洛岱尔继续写道：

> 因此，时间不仅仅是天天月月年年的不断更替，而是某种真实的工匠，伴随着每一秒，伴随着曾被赋予生命的过去而成长。所有的事物都必须存在，为了终止存在，为了给所谓的未来后继的事物让出地方。过去是将要到来的事物的符咒，是它们需要的具有创造力的差异，是处于永恒发展之中的未来条件的总和。⑥

同时性有一种动态的本质，发挥作用，跨越时间——"全部时间"⑦的动态本质——透过这一本质，过去，作为"将要到来的事物的符咒"，通过调整再定现在的每一瞬间，仍然在发挥作用。正是通过这种时间的深度——虚构的时间——一切事物衰败再生；它保存了这种"具有生成能力的差异"：创造性。"在每一次呼吸中，世界都仍

---

① 克洛岱尔：《诗艺》，第12页。
② 同上，第12页。
③ 同上，第18页。
④ 同上。
⑤ 同上，第27页。
⑥ 同上（原文中加强调）。
⑦ 梅洛-庞蒂：《胡塞尔现象学的界限》，第55/66页。

第九章 德彪西：自我达成的形式

然如同第一个人第一次呼吸时所产生的第一口空气一般崭新。"克洛岱尔写道。①

我们在《牧神午后前奏曲》中听到的正是这种节奏化的时间，差异或激增的统一或同时性。排列变换和拱形结构时，我们就能感觉到这种形式的立体深度（如第 55 小节开始的极其优美的篇幅）；当这二者之间互不吻合的地方协调一致成为一种深沉的沉默的时候，我们也能感觉到。这种深沉的沉默使过去和未来在维度呈现的范围内发生共鸣。正是这种共鸣的原则，让人们最终能够透过《牧神午后前奏曲》聆听沉默，而不仅仅只是声音的匮乏。沉默——"深渊"——位于乐章高潮的核心②，是形式的生成源泉。

也许，正是带着这种感觉——这种音乐感——梅洛-庞蒂塑造了其本体论，这种本体论成为他表达观点的唯一途径。我们在第一章看到，梅洛-庞蒂在为其最后的哲学项目起草梗概时，从这种寂静的来源中寻求一种写作方法。然而，为了掌握寂静——强行让其成为一种外在的表达——就背离了那种寂静本身。"这种反思的分裂（这种想回到自我却又从自我中出来）能结束吗？应该有一种重新包裹言语的寂静。"他在《可见的与不可见的》研究笔记中写道。③ "这种寂静将是什么呢？"这就是梅洛-庞蒂做出总结的地方：

---

① 克洛岱尔：《诗艺》，第 27 页。
② 梅洛-庞蒂：《可见的与不可见的》，第 179/231 页。
③ 同上，第 179/230 页（原文中加强调）。

我最终能够采取本体论的立场,并且阐明它的各种论断,就像引言中所要求的那样,只能在进行了本书包含的一系列还原之后,所有这些还原在最初的还原中都在进行,但只有在最后一个还原之后才真正完成。这种颠倒本身——神的恶性循环(circulus vitiosus)——不是犹豫、自欺、坏辩证法,而是回到深渊。人们不能构造直接的本体论。我的"简介"方法(存在者中的存在)是唯一与存在相符的。[1]

梅洛-庞蒂的"'简介'方法"与《牧神午后前奏曲》的音乐形式不相类似吗?进行"一系列还原"——一系列的变换——"所有这些还原在最初的还原中都在进行,但只有在最后一个还原之后才真正完成"?那就需要一种能够表现这种沉默的哲学思想——"同样地,没有完全表达的音乐感,也说明了一切"。[2] 这就是梅洛-庞蒂所提出的"唯一与存在相符的"。带着这种"颠倒",人们把时间的深度理解为制定,同时性,一致性——不是构造"直接的本体论",而是形成共鸣的乐章,像克洛岱尔所描述的弦乐器的共鸣,在这种共鸣之中,琴弓既是乐章的开始,也是结束。[3] 的确,在《诗艺》一书中(梅洛-

---

[1] 梅洛-庞蒂:《可见的与不可见的》,第 179/230—231 页(原文中加强调)。
[2] 梅洛-庞蒂:《课程笔记》,第 62 页(本书作者译)。
[3] 克洛岱尔:《诗艺》,第 35 页。

第九章 德彪西:自我达成的形式

庞蒂灵感的源泉),克洛岱尔所写的内容被人们当作对《牧神午后前奏曲》本身的真正的描述,他写道:

> 希望这篇论述出现在沉默之中和空白页!这里只有最后一个问题尚未解决:但是,归根结底,感觉和方向,生活的这种感觉和方向我们称之为时间,它是什么呢?我们说过的所有乐章,都来自一个点而非指向一个点。踪迹由此可寻。通过时间展开的所有生命都依附于这一点,它是乐器的弦,在这个弦上琴弓开始又结束了它的演奏。时间给予万物以手段,去成就其本质而不逾矩。《死亡之邀》延伸至每一个句子,使崇拜之语尽善尽美,在西格耳边低声呢喃,呻吟。[①]

[①] 克洛岱尔:《诗艺》(原文中加强调)。

第十章
联觉、回忆与复苏

> 不可见的就在那儿,它不是一个客体,而是一个没有实体面具的纯粹的超越。
>
> ——梅洛-庞蒂《可见的与不可见的》

哲学的启迪
The Rhythm of Thought

我记得一个春天的下午，在维也纳的米歇尔广场。广场上钟楼的钟敲响了，我停下来，被这钟声所环绕，仿佛它就是一道温暖的阳光。又敲响了一声，和第一声做伴，但是这声更低沉，更深邃，更响亮。我站在那里，被这种美感所惊呆，我开始感觉到这种声音的物质性。它从钟楼里流淌出来，停留在广场上空的一小片天空，它悬浮着，不仅仅是声音，而且现在变成了颜色——就像是投射到天空的薄雾闪着微光的颜色粒子。更低沉的钟声是深蓝色，古代中国瓷器的颜色。但是第一声钟声像金子一般耀眼，像烟火表演一般光芒四射。

我无法将视线从天上的颜色移开，我觉得自己沉浸在了声音和颜色的波浪之中。然后令我惊讶的是，在这两声隆隆的钟声之上，我开始听到第三个声音，它不是又一声敲钟的声音，而是通过前两个钟声的声波共鸣而形成的第三个声音。它是一种幻觉中的音调，但却如此清晰可闻，以至于又有一种颜色扫过了我的那片天空，一片翠绿色。现在这第三种声音开创了一个非凡的音调的诞生；最初的两个钟声之

第十章 联觉、回忆与复苏

间的互相作用,又产生了幻觉般的第三声,又一声,再一声,以至于人们可以辨别出八度音阶之间的间隔,纯五度、大三度、大六度、小七度和大九度。每一个新的音调都迸发出自己的颜色,我能看到这些闪着微光的音阶中的声音就像是横跨天空的一道彩虹一般清晰,但是要比任何阳光和蒸汽更明亮,更易感知。这些颜色十分美丽,就像低沉圆润的宝石,我感觉如果向它们伸出手臂,也许能抓到一点。但是我不能移动,我觉得自己已经变成了第二个钟楼,其他的什么都不是。来自这些音调和颜色的大量波浪转变成了大量的情感,一种狂喜的表达。

过了一会儿,隆隆声开始变慢,钟声也变小了,幻想中的音调也一个接一个地闪烁消失了。颜色也散开消失了,甚至最初的大钟也变得一动不动安静了下来。我才重新意识到了眼前的街道和匆匆走过的行人。

*

我理解这些幻想中的音调的声学基础,尽管我知道很少能像那天下午在维也纳那样清楚地听到它们。然而,我可能永远都找不到那次经历的联觉维度的令人满意的科学解释。[①] 那些提出过关于联觉

[①] 参照艾奥尼:《复调和弦》,第 55—74 页。

的理论但是从没有过这种体验的人可能会把它想象成两种不同感官的叠加或混合：简单地把一种颜色叠加或混合到声音中去。但是这种增加的概念不足以描述这种现象；正如在对深度的体验中，两种不同的图像提供的信息超过宽度和广度之和，这种体验开启了一个全新的维度，联觉就是转换的。如果人们简单地把它认为是两种感官知觉的合成或混合，那么很难解释它所引起的感情上的压倒一切的力量。对我来说，正是这种联觉体验的感情才是它的重要性的标记。联觉显示自身是兰波被启发的时刻：感知幻觉中的音调就是去"听未听见之声"，并且感知这闪烁的颜色就是去"看未见之物"。在人的感觉见证下，有超越。这种超越于人的身体秩序之上的力量和对于内部和外部之分的违反是多么惊人和可怕！仿佛他自己是一个有联觉者，兰波写道："诗人通过所有感觉的长期复杂的逻辑重排而使自己成为一个看者……他到达了未知的事物，那时他感到迷惑不解，最终失去了对他所见之物的理解，至少他曾经看到过它们！"①

人们怎样才能"到达未知的事物"？兰波提出诗人去做看者。②对于早先的希腊人，诗人和占卜者联合起来工作，就是因为他们看见不可见的互补角色：诗人看向过去，而占卜者看向未来。③看者看见了

---

① 兰波：《写给保罗·德莫尼的信》，第367页（原文中加强调）。
② 同上，第182—183页（原文中加强调；本书作者译）。参照卡波内所写的《前所未有的变形》中关于看者的解读，第16—21页。
③ 参照柏拉图在《美诺篇》中对于先知和诗人的描述，第81b页。

什么？不可能是普通意义上的图像,即不是一个可见的东西;人们不能离这个未知之物更近或更远。看者看见的东西肯定是这个:超越的事实。正如梅洛-庞蒂所告诉我们的:"正是对现在的超越才使它能够连接过去和未来。"①

在《可见的与不可见的》一篇题为《不可见的,否定的,垂直的存在》的研究笔记中,梅洛-庞蒂写道:

> 在可见的与不可见的之间有某种联系,在这种联系中,不可见的不仅仅是不可见的(已经被看见或将被看见的东西和没有被看见或没有被我看见,而是被他人看见的东西),而且在这种联系中,不可见的缺席在世界中是重要的[它是在可见的、内在的或明显的可见性的"后面";它正是非呈现(Nichturprasentiebar),以及另一个维度的原呈现(Urprasentier)],在这种联系中,空白是有其位置的,这种空白是"世界"转变的各个点中的一个点。正是这种否定使垂直世界、不相容者的联合、超越的存在成为可能。②

将"这种否定性"想作是通过那个绝不会一致的东西的关系

---

① 梅洛-庞蒂:《可见的与不可见的》,第 196/246 页。
② 同上,第 227—28/277 页(原文中加强调)。

捆绑在一起就是把它想成了节奏——"它的缺席在世界中是重要的"。正是这种联系使可呈现性本身的条件主题化：正如使可感的和那个总是超出能够被呈现的东西保持在一起［也就是它正是非呈现（Nichturprasentiebar），以及另一个维度的原呈现（Urprasentier）］。因此，重要的是这种否定不仅使超越在空间领域内（正如联觉，"看见"超越），而且在时间领域变得可能，在这个时间领域里，过去位于不超过现在的界限里，而是作为现在的对立面或未见之面，并因此作为现在的深度的一个维度和现在处于同一个姿势。也就是说，空间内部和外部区域的交织，时间上过去与现在的交织必须被看作同样的否定结构，就是一个浮雕的另一面的意义上的否定。

*

在此人们可能立刻会想到普鲁斯特的《追忆似水年华》，也许不会想太多，因为主人公马塞尔寻找"逝去的时光"，但是，因为他试图去理解时间的透明领域，即一种神秘时间，在这种时间里，"过去和现在是交织的（Ineinander），每一个包含就是被包含"，正如一个时间褶皱的对立面。① 这种时间深度的经历通过"复苏"不由自主地来

---

① 梅洛-庞蒂：《可见的与不可见的》，第 268 页 / 第 315 页。

第十章 联觉、回忆与复苏

到了马塞尔身上,这种"复苏"就是通过无意识的回忆而突然出现的现在的膨胀。例如,蘸着热茶吃的玛德莱娜的味道引发了马塞尔童年时在贡布雷度过的美好时光,或是他跌跌撞撞地走在去赴盖尔芒特家的宴会的不平坦的小路上,激发他看到了威尼斯的天空。马塞尔声称这些经历使过去的整个感觉"复苏"了,他不是有意识地通过记忆去回忆这些往事,而是它们突然出现在他的眼前。似乎对他来说过去从未停止过其存在,它只不过是以某种方式完好地保存在一个永恒的世界里。这样一种认为有永恒世界存在的信念使他不害怕死亡。因此,马塞尔的第一个分析似乎是用类似柏拉图《美诺篇》(正如我们在第三章所见的)里关于前世回忆的概念把过去描述成固定的,把灵魂,即"内部的存在"描述成永恒的。在《追忆似水年华》一段关键的段落中,马塞尔在跌跌撞撞地走过不平坦的石头小路后开始他的分析:

> 我在这一切上匆匆而过,因为我更迫切地需要寻找这种幸福的起因,使这种幸福有可靠特性的来源,这是从前未及进行的探索。而这个起因,我在用那些最令人愉快的感受进行比较的时候猜测到了它,那些感受正具有这一共同点,我在此时此刻和某个遥远的时刻同时感受到它们,直至使过去和现在部分地重叠,使我捉摸不定,不知道此身是在过去还是在现在之中。确实,此时在我身上品味这种感受的生命,品味的正是这种感受在过去的某

一天和现在中所具有的共同点,品味着它所拥有的超乎时间之外的东西,一个只有借助于现在和过去的那些相同处之一到达它能够生存的唯一介质、享有那些事物的精华后才显现的生命,也即在与时间无关的时候才显现的生命。这便说明了为什么在我无意间辨别出小玛德莱娜点心的滋味时我对自身死亡的忧虑竟不复存在的原因,因为此时,这个曾是我本人的生命是超乎时间的,他对未来的兴败当然无所挂虑。这个生命只是在与行动无关,与即时的享受无关,当神奇的类似使我逃脱了现在的时候才显现,才来到我面前。只有它有本事使我找回过去的日子,找回逝去的年华,找回我的记忆和才智始终没有找到过的东西。①

因此,对于马塞尔来说,复苏似乎是取决于对过去自身的恢复——他没有通过记忆有意识地去回忆过去,但是却"超出时间之外"的作为一个冻结的形象突然出现的过去。② 通过获得这个逝去的时光,他

---

① 普鲁斯特:《追忆似水年华》,第三章第 904 页 / 第三章第 871 页。
② 在找回往事的时候,必须强调遗忘的重要性,即遗忘和未见的与未知之物的重要性。普鲁斯特写道:"如果说多亏了遗忘,才使回忆没能够在它和此时此刻之间建立任何联系、设置任何环节,如果它依然停留在它的位置、它的日期上,如果它在谷底峰巅保持它的距离、它的孤独,那么,它会使我们突然呼吸到一种新鲜空气,因为这正是我们从前曾被呼吸的空气;这种比诗人们枉费心机力图使之充斥天堂的更纯净的空气,只有在已曾呼吸过的情况下才可能给予那种深刻的更新感,因为,真正的天堂是我们失去了的天堂。"同上,第三章第 903 页 / 第三章第 870 页。同样,普鲁斯特认为艺术创作是在遗忘和相似的主题下进行的想法与《美诺篇》中认为创造力似乎来自永恒灵魂的恢复产生共鸣,正如先知和诗人的例子:"每一位艺术家如同一个异国的公民,身处这个国家,却对它毫无所知……这失却的故国,音乐家们统统遗忘干

第十章 联觉、回忆与复苏

相信自己已经获得了永恒的世界,即"内部存在"的住所,也就是永恒的灵魂。

正如我们所知,马塞尔的描述可以被看作和苏格拉底在《美诺篇》中对于前世记忆的描述类似。然而,再一次地,普鲁斯特的柏拉图哲学的大概轮廓经过更严密地检查就会崩溃。当我们注意马塞尔亲身体验复苏时这就开始了。它们不被感觉成记忆的知识复苏;更确切地说,它们引发了一种非凡的喜悦的感觉,一种尤为强烈的喜悦。(一种那个美诺的奴隶男孩在完成几何题后绝不会感受到的喜悦。)在《追忆似水年华》最后一卷书中,普鲁斯特描写了威尼斯的"复苏":

> 我刚感受到的幸福毫无疑问地正是那次我吃泡在热茶里的玛德莱娜点心时的感觉,那时我没有当即寻根究底,这次我决心一定要弄懂它们。感情是相同的,纯属物质的不同之处存在于它们所唤起的形象之中。一片深邃的苍穹使我眼花缭乱,清新而光彩艳艳的印象在我身前身后回旋飞舞。只是在品味玛德莱娜点心的时候,为了攫住它们,我再也不敢挪动一下,致力于使它在我

净,无从回忆,然而他们无意识中始终跟它保持某种程度的共鸣。音乐家按照故国的声调而演唱,歌声便充满了喜悦,而有时候他追慕虚荣,就会背叛故国。沽名钓誉,结果是丧失荣誉,而鄙视荣誉,却荣誉加身。即时,音乐家唱起那独特的歌曲,单调的旋律 —— 无论他处理的是什么主题,他与自身始终保持统一 —— 证明了他灵魂的构成元素是永恒不变的。"同上,第三章第 258—259 页 / 第三章第 257 页。在这两个例子中,正是遗忘才确保了现在的双重结构或是褶皱,要么是"我们已经失去了的天堂",要么是"构成他的灵魂的元素"。

心中唤起的东西直至传达到我身上，这一次却继续颠簸着，一只脚踩在高的那块石板上，另一只脚踩着低的那块，顾不得引起那一大群司机的哂笑了。每次我只是重复这种身体运动，它对我依然一无裨益。可是，倘若我能在忘却盖尔芒特府的下午聚会的同时，像这样踩着双脚找回我已曾有过体验的那种感觉的话，这种炫目而朦胧的幻象便重又在我身边轻轻漂浮，它仿佛在对我说："如果你还有劲儿，那就趁我经过把我抓住，并且努力解开我奉上的幸福之谜吧。"于是，我几乎立即把它认了出来，那是威尼斯，我为了描写它而花费的精力和那些所谓由我的记忆摄下的快镜从来就没有对我说明过任何问题，而我从前在圣马克圣洗堂两块高低不平的石板上所经受到的感觉却把威尼斯还给了我，与这种感觉汇合一起的还有那天的其他各种不同的感觉，它们驻留在自己的位置上，驻留在一系列被遗忘的日子中，等待着，一次突如其来的巧合不容置辩地使它们脱颖而出。犹如小玛德莱娜点心使我回忆起贡布雷。①

这个幻象的事是如此令人眩晕和模糊，它没有和柏拉图对于前世回忆的描述产生共鸣。在很多方面它和联觉的体验很像。在马塞尔

---

① 普鲁斯特：《追忆似水年华》，第三章第899—900页 / 第三章第867页。

第十章 联觉、回忆与复苏

和联觉者之前,在这个幻想中照耀的就是兰波所说的"未知之物",某个不可能是可见世界中的东西;照耀的是通过在普通意义上永远不能成为幻象对象的东西的可感的出现的唤起。因为人们可以(和梅洛-庞蒂一起)说当我站在维也纳,着迷于虚幻的音调和颜色的出现时,"不可见的就在那儿,它没有成为客体,这是纯粹的超越"①。这难道对马塞尔来说不也是一样的情况?当他跌跌撞撞地走在不平坦的石头小路上时,他突然看到威尼斯的天空出现在头上。因为他不是简单地将威尼斯的场景想象成从记忆里复苏的东西;他没有像做几何题的美诺的奴隶一样思考后得出结论。确切地说,他似乎是被一种外部幻景所迷惑:"一片深邃的苍穹使我眼花缭乱,清新而光彩艳艳的印象在我身前身后回旋飞舞。"②伴随着这种体验带给我们的所有强烈和活力,他感受到了超越的出现。他没有像那个奴隶男孩一样有意地去计算它,但是却在眼前看到了它。这种"感觉的重排"是多么奇怪和有力啊!对于马塞尔来说,威尼斯的幻景看起来如此真实以至于他想要"抓住"它,正如我在维也纳想要伸出手去抓住天上的颜色一般。同样,联觉和复苏不是通过意识的努力来激发的,而是作为一种对感官刺激所做出的反应:对于我来说,通过钟声的敲响,而对于马塞尔来说,是通过玛德莱娜点心的味道和不平坦的石板路的感觉。因此,不

---

① 梅洛-庞蒂:《可见的与不可见的》,第 229/278 页(原文中加强调)。
② 普鲁斯特:《追忆似水年华》,第三章第 899 页 / 第三章第 867 页。

管是复苏也好还是联觉也好,这些幻象的空间不是内部图像或者视觉化的空间;它们绝不应该和心灵的内部表征相混淆,因为它们提供了外部世界可感知的物质性。它们不像普通的记忆或回忆那样简单地从主体的内部出现;它们也不完全地处于主体外部,因为它们的可感性仅仅属于主体。内部的和外部的交织在一起,并且这种作为从可见的感知不可见的交织引发了这种感情和惊叹。普鲁斯特将这种现象描述为"突然的幸福的战栗"——"一种狂喜的状态……我所知道的唯一真实而丰富的乐趣"。① 这种狂喜的强度超出了普通的感官或想象的经历所能引发的喜悦。它是看者的狂喜,也许是圣人的狂喜;对于马塞尔来说,它是如此的有力以至于"死亡"这个词竟对他不重要了。② 它给他的存在赋予了一定程度的确定性和活力。然而这种喜悦是根植于最不起眼的和平凡的时刻的:简单的泡着热茶的点心的滋味,踩在石板上失去平衡时的感觉和钟声的敲响。因此,正如我长久以来问自己关于联觉的意义,普鲁斯特也想知道:"然而,为什么贡布雷和威尼斯的形象竟能在此时或彼时给予我如同某种确实性那样的欢乐,足以使我在没有其他证据的情况下对死亡都无动于衷呢?"③

的确如此,如果联觉和复苏在根本上是类似的经验的话,那么有

---

① 普鲁斯特:《追忆似水年华》,第三章第 905 页 / 第三章第 872 页和第三章第 908 页 / 第三章第 875 页。
② 同上,第三章第 906 页 / 第三章第 873 页。
③ 同上,第三章第 900 页 / 第三章第 867 页。

第十章 联觉、回忆与复苏

趣的是不像马塞尔对威尼斯的天空的感觉一样,我对维也纳的颜色的感觉与无意识的记忆是没有联系的。因此,标志着这两种经验的喜悦不可能来自对"逝去的时光"的占有,即不是来自记忆中画面的恢复,这种记忆像前世记忆一样,将往事保存为冥想的对象。为了找到这种经验的答案,我们不能转向对回忆的普通描述,即将往事描述成往事。普鲁斯特自己也质疑往事在复苏中的中心性:"我说过仅仅是过去的某个时刻吗?也许还远远不止。某个东西,它同时为过去和现在所共有,比过去和现在都本质得多。"[①] 因此,我们必须转向那个比单独在过去或是现在所掌握的"多得多"的东西。这样,寻找"时间之外"的东西不会揭示过去的永恒和冻结的形象(正如柏拉图前世记忆的概念);它揭示了这样的关系,即节奏,它对过去和现在的感觉很……普通。[②] 不是过去而是过去和现在的节奏在马塞尔心中激起了一种喜悦的感觉。作为一种连接的关系,这个节奏对他经验的特别的感觉内容不是偶然的,仿佛玛德莱娜点心自身充满了一种神奇的力量。节奏不是通过感官的操作而从某种外部对象衍生出来的,也不是通过回忆或想象从过去的内部形象中衍生出来;它不是构成节奏的主体或客体。确切地说,节奏是一种连接过去和现在、主体和客体、理想和可感的结构;它使外部的内部和内部的外部在一起,这样一个共

[①] 普鲁斯特:《追忆似水年华》,第三章第 905 页 / 第三章第 872 页。
[②] 同上,第三章第 935 页 / 第三章第 898 页。

同的幻象就作为表达出现了。①

正如我们所知道的,在节奏的中心是沉默,即未听见的超越。然而,我们必须理解这种超越是如果既不远离可感的也不在可感之上的,而是根据一层薄膜,一个褶皱而起作用。梅洛-庞蒂写道:"反对矛盾理论、绝对否定理论,或者理论——超越,就是差异中的一致。"②超越,作为节奏的内在,就在差异连接的点起作用。它是一种否定性,一种褶皱,一种操作性的沉默:超越是一种在世界上很重要的缺席。③它不在世界之外。梅洛-庞蒂写道:它不是绝对否定意义上的不可见的(或者"理智世界"的绝对肯定的不可见的),而是其他维度意义上的不可见的,就像深度从高度和宽度后面构成,就像时间从空间后面凹陷构成。④超越作为共鸣、反响和复苏而出现。它是一种动态打开的中心,通过它就不能回到从前(也就是回忆);相反地,一个发光体产生了,通过它世界被维持在一起并且被从后面支撑着。节奏的本质是这种辐射——这种在表达的运动中超越的建立。

那么复苏的力量又是什么呢?马塞尔曾经猜测他的喜悦是由在"时间之外"隔离出一种本质而激起的。对他来说,似乎是一种来自对永恒的预感,对战胜死亡的预感的喜悦。普鲁斯特写道:"时间序列

---

① 梅洛-庞蒂:《眼与心》,第126页。
② 梅洛-庞蒂:《可见的与不可见的》,第225/274页(原文中加强调)。
③ 同上,第228/277页。
④ 同上,第236/285页(原文中加强调)。

第十章 联觉、回忆与复苏

中释放的一分钟为了使我们感觉到这一分钟,在我们身上重新铸就越出时间序列的人。而这个人,我们知道他对自己的喜悦是有信心的,即使一块玛德莱娜点心的普普通通的滋味逻辑上似乎并不包含着这种喜悦的全部理由,我们理解'死亡'这个词对他是没有意义的;既然已处于时间之外,未来又有什么能使他感到害怕的呢?"① 马塞尔通过复苏所掌握的不是一个永恒的过去的时刻,而是处于节奏中心的超越,当我们明确了这一点后应该怎样理解这种喜悦呢?

不是拥有了永恒的而是与存在的节奏一致才激发了喜悦。的确如此,我们怎么能把这种感情错认为仅仅是沉思永恒的思想的意识的余晖呢?当然,在联觉和复苏中,情况并不是我们首先理解自己已经靠谋略战胜了限制,只有那时我们由于逃脱了死亡而感到无比喜悦。确切地说,人们简单地立刻就能感觉到。在盖尔芒特家院子的台阶上,马塞尔是敬畏的。在复苏时,不是为了最终掌握一个永恒的本质就把他从可感中除去。在复苏的时候,他的存在被揭示为节奏:他的灵魂在本质的运动中被感受到,即在再生成的运动中被感受到;他的存在可以一次又一次地重生。② 这种感觉是多么可怕和难以置信。只有当发生断裂和重生,即通过一个开口的突然出现,而不是恢复或者占有,也不是封闭或是终结,这种狂喜才会出现。通过复苏,一个外

---

① 普鲁斯特:《追忆似水年华》,第三章第 906 页 / 第三章第 873 页。
② 梅洛-庞蒂:《课程笔记》,第 65 页(本书作者译)。

部的(威尼斯的)幻景演奏了相关的现在和过去的节奏,即表现了它们的不一致性,并且在马塞尔的外部幻景和内部记忆之间的褶皱处,存在使存在发生。

联觉的情况不也一样吗?因为现在确定的一点是复苏绝不会依赖一个固定的或是"永恒的"过去的恢复。普鲁斯特自己讲明了这一点,他把这种复苏的喜悦和不需要动用记忆的经历(比如联觉)相比较:马丹维尔教堂的双塔,巴尔贝克附近所看到的树木和凡德伊的音乐作品。这些给马塞尔提供了像泡在热茶里的玛德莱娜点心或台阶上看到的威尼斯的幻景"同样的幸福"。[1]它们和复苏类似,但并不隐藏往昔的某个感觉,而是一条新的真理。[2]它们不取决于无意识的记忆;它们需要安置一个永恒形象或思想的世界。在此,节奏通过不是和过去的联系而是和"新的真理"的联系而出现:我们在表达的运动里最明白地理解超越的作用。

关于启发过儿时的他的马丹维尔的双塔(还有第三座塔——维欧维克的钟楼),叙述者讲述道:"它们的尖顶,它们的轮廓,它们的阳光灿烂的表面忽然像有一层外壳似的裂开了,隐藏在里面的东西露出了一角。"这个位于运动("移动性")和"发光性"后面的就是超越,它被包含和隐藏在存在的褶皱里,在交错里。人们不能掌握或拥有这

---

[1] 普鲁斯特:《追忆似水年华》,第三章第899页/第三章第866页。
[2] 同上,第三章第912页/第三章第878页。

第十章 联觉、回忆与复苏

个"更多的某个东西";人们参与、执行和把它表达出来。马塞尔正式宣告了"更多的某个东西"的存在,把它看作存在之上的存在的共鸣,这种观点就是在召唤表达。马塞尔看到这些尖顶时内心就像是被火填满。它们的光亮刺穿了他的感官,以至于它们必须由他表达出来;正如与联觉和复苏的情况一样,必须同时发挥内部的和外部的作用。通过艺术创作,才能够参与到可感的和"新的真理"之间的这种联系中,这种节奏中。这个男孩,马塞尔,开始写作;这是他第一次意识到了自己的文学生涯的可能性。这最初的尝试对于马塞尔来说必定是笨拙的和不足的。他所写的加起来不过是一些碎片:"我并没有想到隐藏在双塔之中的东西大概同漂亮的句子相类似,因为它是以使我感奋的词汇的形式出现在我的面前的。"[①] 只有在日后很久,只有作为叙述者时,马塞尔才能够足以表达他所见的情景。甚至在这个关系中(年轻作家马塞尔和叙述者马塞尔之间)总有双重运动的必要,一种再开始,它和表达自身的性质相一致。正如梅洛-庞蒂所写:"表达现象的就是把自身收集起来然后再重新启动自身。"[②] 表达就被建立为存在的节奏。

这种动态的和生成性的运动使马塞尔相信(在小说中的后面部分)音乐首先表达了例如复苏和马丹维尔的双塔的经历的"典型特

[①] 普鲁斯特:《追忆似水年华》,第一章第 197 页 / 第一章第 181 页。
[②] 梅洛-庞蒂:《间接语言》,第 110/118 页。

征"。① 马塞尔声称:"任何东西都比不上凡德伊一个漂亮的乐句,都比不上它那样,能充分表现我生活中时而感到的那种特殊的快感,也就是我面对马丹维尔钟楼、面对巴尔贝克路边树木,或者简单地说,本书开卷谈到的品茶时所感到的那种特殊快感。"② 音乐最为直接地表达出这种快感,因为音乐提供了一种节奏;正如我们所见,普鲁斯特声称在音乐中声音似乎在追随我们的存在的运动本身。③ 在音乐中没有表征或是重复,而是有存在的共鸣。存在使存在发生。我们体验到一种振幅的增大;我们感觉到一种奇怪的喜悦。正是因为这个原因才使音乐首先促使马塞尔认出了表达的召唤,事实上是变成叙述者的召唤。但是正如我们所见的,这个意义上的音乐(也就是说节奏的)不仅仅属于音乐的领域;节奏处于一切艺术的根源,对于诗人马拉美、画家塞尚和作家普鲁斯特都是如此。

*

如果对于梅洛-庞蒂来说,艺术作为表达的目标是本体论,即阐明本身就是表达的存在的结构,那么还剩下什么给哲学?我们为什么探寻存在的深度:我们所追求的是转变,正如联觉和复苏的情况一样,

---

① 普鲁斯特:《追忆似水年华》,第三章第 899 页 / 第三章第 866 页。
② 同上,第三章第 381 页 / 第三章第 375 页。
③ 同上,第三章第 381 页 / 第三章第 374 页。

第十章 联觉、回忆与复苏

它是通过存在的节奏而建立起来的。普鲁斯特写道:"至于真理——即使是最卓越的才智——所收集的真理,在它面前,昭然若揭,它们的意义可能十分重大;但是它们就像是没有透视的生硬的轮廓,它们比较平坦,由于要达到这些真实不用逾越什么深度,由于它们并不是再创造出来的,所以,它们没有深度。"① 因此,再创造现在成了哲学的任务。因为,如果我们要通过深度和节奏来揭示本体论,它就需要不被理解,而是被表现。怎么表现? 我们也许和普鲁斯特发出同样的疑问,仅仅是通过艺术的再创造吗?② 因为正是艺术才给生命提供了共鸣。

但是哲学不也参与再创造的召唤吗? 也就是说,不是作为哲学的历史而是作为工作的哲学,哲学的详尽解释。③ 梅洛-庞蒂写道:"哲学的意义是一种创始的意义。因此,它不可能在时间之外被总结,它仍然是表达。"④ 它是对文本的再组织,回到思想,通过表达自身的运动再思考,而这种表达永远不可能完成。在此,哲学参与到了梅洛-庞蒂所设定的它的真正任务中:"表达之前的东西和在后面支撑着它的东西。"⑤ 哲学的这种工作必须被重新继续,通过思想的节奏而被打开。我

---

① 普鲁斯特:《追忆似水年华》,第三章第 934—935 页 / 第三章第 898 页。
② 同上,第三章第 912 页 / 第三章第 879 页。
③ 正如我们在第一章所见,梅洛-庞蒂把这个当作研究胡塞尔作品的模式,即"我们不能仅仅根据他所完成的内容来定义一个哲学家的思想;我们需要考虑他的思想最终想要思考什么。"梅洛-庞蒂:《胡塞尔课程摘要》,第 5/160 页。
④ 梅洛-庞蒂:《间接语言》,第 119/133 页。
⑤ 梅洛-庞蒂:《可见的与不可见的》,第 167/219 页(原文中加强调)。

们以这种方式向梅洛-庞蒂学习。他写道:"因为艺术和哲学整体不是'精神'世界('文化'世界)中的任意创造,而是作为创造与存在的接触。存在就是为使我们从创造那里获得经验而要求我们进行创造的那种东西。"[1]

---

[1] 梅洛-庞蒂:《可见的与不可见的》,第 197/248 页(原文中加强调)。普鲁斯特写道:"世界的创造不是在人类之初就已经完成的,而是每天每日都在进行着。"普鲁斯特:《追忆似水年华》,第三章第 685—686 页 / 第三章第 669 页。

致谢

我很感激法国卡西斯的卡马戈基金会给我提供的研究基金,用来进行这本书的早期研究。在研究后期,杜肯大学提供了总统奖学金,使这个项目得以完成。我尤其想要感谢杜肯大学的爱德华·克歇尔(Edward Kocher)院长和吉姆·斯温德尔(Jim Swindal)院长一直以来对于音乐和哲学跨学科研究的热情支持。

我很感激《英国现象学学会学刊》编辑乌尔里克·哈斯(Ullrich Haase)允许我对该刊 2012 年第 3 期第 43 页上的一些内容进行修改和重新组织,用于本书第一至第九章的写作。

这些年来,很多同事给了我很多启发和鼓励,没有他们,这本书不可能完成。我尤其感激伦纳德·劳勒(Leonard Lawlor)和盖伦·约翰逊(Galen Johnson)对本书早期手稿的亲切评论,还要感谢莫罗·卡波内(Mauro Carbone)、威廉·哈姆里克(William Hamrick)、理查德·卡尼(Richard Kearney)、丹尼斯·施密特(Dennis Schmidt)、史蒂夫·沃森(Steve Watson)、贾森·沃思(Jason Wirth)、大卫·伍德(David Wood)和梅洛-庞蒂读书会的成员们。我很享受与他们在一起工作。

我还要感谢芝加哥大学出版社的伊丽莎白·布兰奇·戴森（Elizabeth Branch Dyson）和她的同事们，感激他们致力于音乐的跨学科研究。

最后，我要感谢拉里·科林斯（Larry Collins），在这本书的写作过程中，他的爱和笑声滋养了我。

参考文献

梅洛-庞蒂的作品

Merleau-Ponty, Maurice. *Adventures of the Dialectic*. Translated by Joseph Bien. Evanston, IL: Northwestern University Press, 1973. Originally published as *Les aventures de la dialectique* (Paris: éditions Gallimard, 1955).

———. "Cézanne's Doubt." In *The Merleau-Ponty Aesthetics Reader: Philosophy and Painting*, revised translation by Michael B. Smith, edited by Galen A. Johnson. Evanston, IL: Northwestern University Press, 1993. Originally published as "Le doute de Cézanne," in *Sens et non-sens* (Paris: Nagel, 1948).

———. "Eye and Mind." In *The Merleau-Ponty Aesthetics Reader: Philosophy and Painting*, revised translation by Michael B. Smith, edited by Galen A. Johnson. Evanston, IL: Northwestern University Press, 1993. Originally published as *L'oeil et l'esprit* (Paris: éditions Gallimard, 1964).

———. *Husserl at the Limits of Phenomenology*. Translated by Leonard Lawlor with Bettina Bergo. Evanston, IL: Northwestern University Press, 2002. Originally published as *Notes de cours sur "L'origine de la géométrie" de Husserl, suivi de recherches sur la phénoménologie de Merleau-Ponty*, under the direction of Renaud Barbaras and edited by Franck Robert (Paris: Presses Universitaires de France, 1998).

———. "In Praise of Philosophy." In *In Praise of Philosophy and Other Essays*, translated by John Wild, James Edie, and John O'Neill. Evanston, IL: Northwestern University Press, 1963. Originally published as "éloge de la Philosophie," collected in *Éloge de la philosophie et autres essais* (Paris: éditions Gallimard, 1960).

———. "Indirect Language and the Voices of Silence." In *The Merleau-Ponty*

Aesthetics Reader: Philosophy and Painting, revised translation by Michael B. Smith, edited by Galen A. Johnson. Evanston, IL: Northwestern University Press, 1993. Originally published as "Le langage indirect et les voix du silence," in *Signes* (Paris: éditions Gallimard, 1960).

———. *Institution and Passivity: Course Notes from the Collège de France (1954–1955)*. Translated by Leonard Lawlor and Heath Massey. Evanston, IL: Northwestern University Press, 2010. Originally published as *L'institution, la passivité: Notes de cours au Collège de France (1954–1955)*, with a preface by Claude Lefort and texts established by Dominique Darmaillacq, Claude Lefort, and Stéphanie Ménasé (Paris: éditions Belin, 2003).

———. *Le monde sensible et le monde de l'expression: Cours au Collège de France, notes, 1953*. Text established by Emmanuel de Saint Aubert and Stefan Kristensen. Genève: MetisPresses, 2011.

———. *Nature: Course Notes from the Collège de France*. Translated by Robert Vallier. Evanston, IL: Northwestern University Press, 2003. Originally published as *La nature: Notes, cours du Collège de France, 1956–1957*, edited by Dominique Séglard (Paris: éditions du Seuil, 1995).

———. *Notes de cours au Collège de France, 1958–1959 et 1960–1961*. Edited by Stéphanie Ménasé. Paris: éditions Gallimard, 1996.

———. *Phenomenology of Perception*. Translated by Colin Smith. Revised ed. London: Routledge & Kegan Paul, 1981. Originally published as *Phénoménologie de la perception* (Paris: éditions Gallimard, 1945).

———. "Philosophy and Non-Philosophy since Hegel." In *Philosophy and Non-Philosophy since Merleau-Ponty*, edited by Hugh J. Silverman. Evanston, IL: Northwestern University Press, 1997. Originally published as "Philosophie et non-philosophie depuis Hegel," in *Notes de cours au Collège de France, 1958–1959 et 1960–1961*, edited by Stéphanie Ménasé (Paris: éditions Gallimard, 1996).

———. "The Primacy of Perception and Its Philosophical Consequences." Translated by James M. Edie in *The Primacy of Perception*. Evanston, IL: Northwestern University Press, 1964. Subsequently released in *Le primat de la perception et ses conséquences philosophiques* (Lagrasse: éditions Verdier, 1996).

———. *The Prose of the World*. Translated by John O'Neill. Evanston, IL: Northwestern University Press, 1973. Originally published as *La prose du monde* (Paris: éditions Gallimard, 1969).

———. "Resumé of the Course: Husserl at the Limits of Phenomenology." In *Husserl at the Limits of Phenomenology*, revised translation by Leonard Lawlor. Evanston, IL: Northwestern University Press, 2002. Originally published as "Husserl aux limites de la phénoménologie," in *Résumés de cours: Collège de France, 1952–1960* (Paris: éditions Gallimard, 1968).

———. *Sense and Non-Sense*. Translated by Hubert Dreyfus and Patricia Allen Dreyfus. Evanston, IL: Northwestern University Press, 1964. Originally published as *Sens et non-sens* (Paris: Nagel, 1948).

———. *Signs*. Translated by Richard McCleary. Evanston, IL: Northwestern University Press, 1964. Originally published as *Signes* (Paris: éditions Gallimard, 1960).

———. *The Structure of Behavior*. Translated by Alden L. Fischer. Pittsburgh: Duquesne University Press, 2006. Originally published as *La structure du comportement* (Paris: Presses Universitaires de France, 1942).

———. *Themes from the Lectures at the Collège de France, 1952–1960*. Translated by John O'Neill. Evanston, IL: Northwestern University Press, 1970. Originally published as *Résumés de cours: Collège de France, 1952–1960* (Paris: éditions Gallimard, 1968).

———. "Two Unpublished Notes on Music." Translated by Leonard Lawlor. *Chiasmi International* 3 (2001): 18.

———. *The Visible and the Invisible*. Translated by Alphonso Lingis. Evanston, IL: Northwestern University Press, 1968. Originally published as *Le visible et l'invisible*, edited by Claude Lefort (Paris: éditions Gallimard, 1964).

———. *The World of Perception*. Translated by Oliver Davis. London: Routledge Classics, 2008, Originally published as *Causeries, 1948*, edited by Stéphanie Ménasé (Paris: éditions du Seuil, 2002).

其他参考作品

Barbaras, Renaud. *The Being of the Phenomenon: Merleau-Ponty's Ontology*. Translated by Ted Toadvine and Leonard Lawlor. Bloomington: Indiana University Press, 2004.

Barraqué, Jean. *Debussy*. Paris: éditions du Seuil, 1962.

Behnke, Elizabeth. "At the Service of the Sonata: Music Lessons with Merleau-Ponty." In *Merleau-Ponty: Critical Essays*, edited by Henry Pietersma. Washington, DC: University Press of America, 1989.

Bogue, Ronald. *Deleuze on Music, Painting, and the Arts*. New York: Routledge, 2003.

Botstein, Leon. "Beyond the Illusions of Realism: Painting and Debussy's Break with Tradition."

In *Debussy and His World*, edited by Jane F. Fulcher. Princeton: Princeton University Press, 2001.

Brettell, Richard R. *Impression: Painting Quickly in France, 1860–1890*. New Haven: Yale University Press, 2000.

Burke, Patrick, and Jan Van der Veken, eds. *Merleau-Ponty in Contemporary Perspectives*. Dordrecht: Kluwer Academic, 1993.

Carbone, Mauro. *The Thinking of the Sensible: Merleau-Ponty's A-Philosophy*. Evanston, IL: Northwestern University Press, 2004.

———. *An Unprecedented Deformation: Marcel Proust and the Sensible Ideas*. Translated by Niall Keane. Albany: State University of New York Press, 2010.

Carman, Taylor, and Mark B. N. Hansen, eds. *The Cambridge Companion to Merleau-Ponty*.

Cambridge: Cambridge University Press, 2005.

Claudel, Paul. *The Eye Listens*. Translated by Elsie Pell. New York: Philosophical Library, 1950.

———. *Poetic Art*. Translated by Renee Spodheim. New York: Philosophical Library, 1948. In *Oeuvre poétique*, introduced by Stanislas Fumet (Paris: éditions Gallimard, 1957).

参考文献

Conisbee, Philip, and Denis Coutagne. *Cézanne in Provence*. New Haven: Yale University Press, 2006.

Crary, Jonathan. *Suspensions of Perception: Attention, Spectacle, and Modern Culture*. Cambridge, MA: MIT Press, 1999.

Dastur, Franise. "Thinking from Within." In *Merleau-Ponty in Contemporary Perspectives*, edited by Patrick Burke and Jan Van der Veken. Dordrecht: Kluwer Academic, 1993.

Debussy, Claude. *Prelude to "The Afternoon of a Faun."* Edited by William W. Austin. New York: W. W. Norton, 1970.

Deleuze, Gilles. *Difference and Repetition*. Translated by Paul Patton. New York: Columbia University Press, 1994.

———. *Proust and Signs*. Translated by Richard Howard. Minneapolis: University of Minnesota Press, 2000.

Deleuze, Gilles, and Félix Guattari. *A Thousand Plateaus: Capitalism and Schizophrenia*. Translated by Brian Massumi. Minneapolis: University of Minnesota Press, 1987.

Derrida, Jacques. *Margins of Philosophy*. Translated by Alan Bass. Chicago: University of Chicago Press, 1982.

———. "The Double Session." In *Dissemination*. Translated by Barbara Johnson. Chicago: University of Chicago Press, 1981.

———. "Force and Signification." In *Writing and Difference*. Translated by Alan Bass. Chicago: University of Chicago Press, 1978.

Doran, Michael, ed. *Conversations with Cézanne*. Translated by Julie Lawrence Cochran. Berkeley and Los Angeles: University of California Press, 2001.

Evans, Fred, and Leonard Lawlor, eds. *Chiasms: Merleau-Ponty's Notion of Flesh*. Albany: State University of New York Press, 2000.

Fóti, Véronique M. "Chiasm, Flesh, Figuration." In *Merleau-Ponty and the Possibilities of Philosophy: Transforming the Tradition*, edited by Bernard Flynn, Wayne J. Froman, and Robert Vallier. Albany: State University of New York Press, 2009.

Fry, Roger. *Cézanne: A Study of His Development*. New York: Farrar, Straus, and Giroux, 1970.

Fulcher, Jane, ed. *Debussy and His World*. Princeton: Princeton University Press, 2001.

Gasquet, Joachim. *Joachim Gasquet's Cézanne: A Memoir with Conversations*. Translated by Christopher Pemberton. London: Thames and Hudson, 1991.

Gill, Jerry H. *Merleau-Ponty and Metaphor*. New Jersey: Humanities Press International, 1991.

Halliburton, David. "Reflections on Speed." In *Between Philosophy and Poetry: Writing, Rhythm, History*, edited by Massimo Verdicchio and Robert Burch. New York: Continuum, 2002.

Harrison, Charles and Paul Wood, eds. *Art in Theory, 1900–1990: An Anthology of Changing Ideas*. Oxford: Wiley-Blackwell, 2002.

Howat, Roy. *Debussy in Proportion: A Musical Analysis*. Cambridge: Cambridge University Press, 1983.

Ihde, Don. *Listening and Voice: Phenomenologies of Sound*. Albany: State University of New York Press, 2007.

Ione, Amy. *Innovation and Visualization: Trajectories, Strategies, and Myths*. Amsterdam: Editions Rodopi, 2005.

Johnson, Galen A. *The Retrieval of the Beautiful: Thinking Through Merleau-Ponty's Aesthetics*. Evanston, IL: Northwestern University Press, 2010.

Kearney, Richard. "Merleau-Ponty and the Sacramentality of the Flesh." In *Merleau-Ponty at the Limits of Art, Religion, and Perception*, edited by Kascha Semonovitch and Neal DeRoo.

London: Continuum International, 2010.

Lattimore, Richmond, trans. *The Iliad of Homer*. Chicago: University of Chicago Press, 1961.

Lawlor, Leonard. *Early Twentieth-Century Continental Philosophy*. Bloomington: Indiana University Press, 2012.

———. *Thinking Through French Philosophy: The Being of the Question*. Bloomington: Indiana University Press, 2003.

———. " 'Benign Sexual Variation': An Essay on the Late Thought of Merleau-Ponty." *Chiasmi International* 10 (2008): 47–58.

Lefebvre, Henri. *Rhythmanalysis: Space, Time and Everyday Life*. Translated by Stuart Elden and Gerald Moore. London: Continuum, 2004.

Leo, Daniela de. "Music: The Place of A-Philosophy." *Chiasmi International* 11 (2009): 445.

Lesure, Franis, and Roger Nichols, eds. *Debussy Letters*. Translated by Roger Nichols. Cambridge, MA: Harvard University Press, 1987.

Lloyd, Rosemary. "Debussy, Mallarmé, and 'Les Mardis.' " In *Debussy and His World*, edited by Jane F. Fulcher. Princeton: Princeton University Press, 2001.

Loran, Erle. *Cézanne's Composition: Analysis of His Form with Diagrams and Photographs of His Motifs*. Berkeley and Los Angeles: University of California Press, 2006.

Mallarmé, Stéphane. "Un coup de dés." In *Collected Poems*, translated by Henry Weinfield. Berkeley and Los Angeles: University of California Press, 1994. In *Oeuvres complètes*, edited by Henri Mondor and G. Jean-Aubry (Paris: éditions Gallimard, 1945).

———. "L'après-midi d'un faune." In *Collected Poems*, translated by Henry Weinfield. Berkeley and Los Angeles: University of California Press, 1994. In *Oeuvres complètes*, edited by Henri Mondor and G. Jean-Aubry (Paris: éditions Gallimard, 1945).

———. "Crisis of Verse." In *Divagations*, translated by Barbara Johnson. Cambridge, MA: Belknap Press of Harvard University Press, 2007. Originally published as "Crise de vers," in *Oeuvres complètes, II*, edited by Bertrand Marchal (Paris: éditions Gallimard, 2003).

———. "The Mystery in Letters." In *Divagations*, translated by Barbara Johnson. Cambridge, MA: Belknap Press of Harvard University Press, 2007. Originally published as "Le mystère dans les lettres," in *Oeuvres complètes, II*, edited by Bertrand Marchal (Paris: éditions Gallimard, 2003).

McCombie, Elizabeth. *Mallarmé and Debussy: Unheard Music, Unseen Text*. Oxford: Oxford University Press, 2003.

Michaud, Guy. *Mallarmé*. Translated by Marie Collins and Bertha Humez. New York: New York University Press, 1965.

Nattiez, Jean-Jacques. *Proust as Musician*. Translated by Derrick Puffett. Cambridge: Cambridge University Press, 1989.

Olkowski, Dorothea, and James Morley, eds. *Merleau-Ponty: Interiority and Exteriority, Psychic Life and the World*. Albany: State University of New York Press, 1999.

Plato. *Meno*. Translated by W. R. Lamb. Cambridge, MA: Harvard University Press, 2006.

———. *Phaedrus*. Translated by Harold North Fowler. Cambridge, MA: Harvard University Press, 2005.

———. *Timaeus*. Translated by R. G. Bury. Cambridge, MA: Harvard University Press, 2005.

Proust, Marcel. *Remembrance of Things Past*. 3 vols. Translated by C. K. Scott Moncrieff, Terence Kilmartin, and Andreas Mayor. New York: Vintage Books, 1981. Originally published as *À la recherche du temps perdu*, 3 vols., edited by Pierre Clarac and André Ferré (Paris: éditions Gallimard, 1954).

Richir, Marc. "Phenomenological Architectonics." In *Merleau-Ponty in Contemporary Perspectives*, edited by Patrick Burke and Jan Van der Veken. Dordrecht: Kluwer Academic, 1993.

Rimbaud, Arthur. *Complete Works*. Translated by Wyatt Mason. New York: Modern Library, 2003.

Saint Aubert, Emmanuel de. *Vers une ontologie indirecte: Sources et enjeux critiques de l'appel à l'ontologie chez Merleau-Ponty*. Paris: Librairie Philosophique J. Vrin, 2006.

Silverman, Hugh, ed. *Philosophy and Non-Philosophy since Merleau-Ponty*. Evanston, IL: Northwestern University Press, 1997.

Toadvine, Ted. "The Melody of Life and the Motif of Philosophy." *Chiasmi International* 7 (2005): 263–279.

Trezise, Simon. *The Cambridge Companion to Debussy*. Cambridge: Cambridge University Press, 2003.

Vanzago, Luca. "The Many Faces of Movement. Phenomenological and Ontological Questions Concerning the Relation between Perception, Expression and Movement in Merleau-Ponty's Lecture Course on *The Sensible World and the World of Expression*." *Chiasmi International* 12 (2010): 111–127.

———. "Presenting the Unpresentable: The Metaphor in Merleau-Ponty's Last Writings." *Southern Journal of Philosophy* 43 (2005): 463–474.

Vernant, Jean-Pierre, and Pierre Vidal-Naquet. *Myth and Tragedy in Ancient Greece*. Translated by Janet Lloyd. New York: Zone Books, 1988.

Waldenfels, Bernhard. "The Paradox of Expression." In *Chiasms: Merleau-Ponty's Notion of Flesh*, edited by Fred Evans and Leonard Lawlor. Albany: State University of New York Press, 2000.

Watson, Stephen. *In the Shadow of Phenomenology: Writings after Merleau-Ponty I*. London: Continuum, 2009.

———. *Phenomenology, Institution and History: Writings after Merleau-Ponty II*. London: Continuum, 2009.

Weiss, Gail, ed. *Intertwinings: Interdisciplinary Encounters with Merleau-Ponty*. Albany: State University of New York Press, 2008.

Wenk, Arthur. *Claude Debussy and the Poets*. Berkeley and Los Angeles: University of California Press, 1976.

Wiskus, Jessica. "L'Esthétique musicale et l'ouverture au Présent." In *Perspectives de l'esthétique musicale, entre théorie et histoire*, edited by Alessandro Arbo. Paris: L'Harmattan, 2007.

———. "Merleau-Ponty through Mallarmé and Debussy: On Silence, Rhythm, and Expression." *Journal of the British Society for Phenomenology* 43, no. 3 (2012): 230–249.

———. " 'The Universality of the Sensible': On Plato and the Musical Idea according to Merleau-Ponty." *Epoché: A Journal for the History of Philosophy* 13, no. 1 (2008): 121–132.

索引

条目后的页码为本词条出现在原英文版书中的页码,斜体的页码是指插图或其标题。

Albertine, 66–71, 72–76, 77, 144n7, 145n32, 146n37
anamnesis, 29–30, 31, 32, 117, 118, 120, 136n48
L'après-midi d'un faune (Mallarmé), 39–40. *See also* Debussy's *Prélude*
arabesque. *See* flute arabesque art:
  as internal equivalent of things, 56; meaning of, 62–63, 64, 143n43; movement and, 58–59; as process of expression, 61, 123, 142n34, 143n40; rhythm in creation of, 122, 123. *See also* music; painting
Austin, William, 103, 104
auto-experience, 126n18
autogenerative form, 105
beginning, 9, 37, 63–64, 156n27
Being: attunement with the rhythm of, 121, 122; Cartesian system of, 15, 24; dimensional present and, 110; doubling our thoughts, 26; experienced through creation, 111, 123; experience of depth and, 21, 22–23, 25, 98–99; flesh as element of, 33, 98, 150n47; musical resonance with, 99, 101, 123; philosophical language and, 2, 130n50; resurrection and, 121, 122; subjectobject bifurcation and, 15, 24; as universal dimensionality, 101
being: Being and, 93, 100–101, 121, 122, 123; Merleau-Ponty's ontology and, 12, 37, 113, 123; movement of, 98–99, 101; resurrection and, 121, 122; rhythm of, 123; source of, 101; two dimensions of, 132n38
binocular vision, 21–22, 132n28. *See also* perspective; stereoscope
Blanchot, Maurice, 129n48

body: as double structure, 33, 35; entering of the world into, 24–25; experience of depth and, 21, 22, 23, 24–25; expressing existence, 134n27; as expressive space, 135n34; memory experienced through, 32, 33–34, 133n23, 134n25; time created by, 136n39. *See also* flesh

breath: Debussy's *Prélude* and, 41, 42, 43, 51, 105, 112; flesh of the world and, 56; rhythm and, 9, 41, 42, 105, 140n14

carnal essence, 56, 57, 59, 60, 141n20, 141n21, 142n32

Cartesian thought, 13–16, 17, 18, 24

cause: Claudel on, 146n49; Marcel's love for Albertine and, 75

cave paintings. *See* Chauvet–Pont-d'Arc Cave; Lascaux

Cézanne, Paul, 13–25, 53–65; depth and, 17, 18, 40, 53, 55, 56, 59, 61, 132n28; *Four Bathers*, 53–54, *54*, 58; *Houses on a Hill, Provence*, 18–19, 20, *20*; line as used by, 53–56, 57; Merleau-Ponty's writings on, 13, 17, 19–20, 40, 54–56, 62–63, 125n6, 132n28, 142n32; "motif" referenced by, 61, 132n28; paintings of Montagne Sainte-Victoire, 60–62, *62*, 64, 142n32; peripheral vision and, 139n9; perspective abandoned by, 18, 19–20, 131n21; rhythm and, 123; *Still Life with Apples and Peaches*, 18, *19*; *Still Life with Fruit Basket*, 131n20; *Still Life with Milk Jug and Fruit*, 54–55, *55*, 56; style of, 19, 62, 64

Chauvet–Pont-d'Arc Cave, 57–58, 139n5, 142n34

chiasm, 1, 2, 101, 122; Merleau-Ponty's chapter title naming, 1, 36, 92, 101

Christian God, Merleau-Ponty on, 150n48

Christian terms used by Merleau-Ponty, 1, 2, 125n1

circle of fifths, 43, 44, 46, 138n11

clairvoyance, 75–76, 111

Claudel, Paul: "antiplatonism" of, 153n29; on cause, 146n49; on God, 150n48; Merleau-Ponty's references to, 98, 135n36, 140n10, 150n48, 153n29; on movement, 113, 140n10, 149n43; on relationship to external world, 24; on time and simultaneity, 111–112, 113, 133n23, 135n36, 149n30

color: bodily response to, 24; in
    Cézanne's painting, 18, 20,
    59–60, 61, 140n16, 141n28;
    impressionists' use of, 2,
    125n6; Merleau-Ponty on, 24,
    59–60, 61, 98, 125n6, 140n16,
    141n21; musical, 102
consciousness: Merleau-Ponty
    note referring to, 136n48;
    perception and, 4–5, 6
Crary, Jonathan, 139n9
creation: Merleau-Ponty on, 123;
    Proust on, 156n41
creativity: Claudel and, 112;
    forgetting and, 155n11;
    Marcel's life of, 99, 122;
    mythical time and, 112
crystallization, 60, 62, 74
Dastur, Francoise, 132n38, 155n16
Debussy, Claude: Deleuze and
    Guattari on form and, 150n55;
    on essence of music, 102;
    musical time and, 152n2
Debussy's *Prélude*, 39–52,
    77–89, 102–113; arch form
    and, 102–103, *103*, 108–109,
    112; beginning of, 41–43,
    42, 51, 52, 103, 104, 105;
    breath and, 41, 42, 43, 51,
    105, 112; clarinet motif in,
    80–82, 103, 106; creation of,
    39–40; depth and (*see* depth
    and Debussy's *Prélude*);

doubling in, 42–43, 46, 49–50,
    82, 87, 89, 106, 107; ending
    of, 51–52, *52*, 107–8; form of,
    41, 102–113, *103*; harmonies
    of, 42, 43–44, 46–48, 50–51,
    77–89, *78*, *82*, *83*, *84*, *87*,
    102, 104–105, 106–108;
    institution and, 89, 102, 105,
    109–110, 147n6; Mallarmé's
    poem and, 39–41, 137n2;
    measures 1–4 (flute), 41–42,
    42, 77–78; measures 4–11
    (orchestra), 43–46, *44–45*;
    measures 17–19 (orchestra),
    46, *47*, 51, 79; measures
    21–25 (orchestra), *48–49*;
    measures 26–30 (flute and
    strings), 47–48, *50*, 50–51, 79;
    measures 31–36 (orchestra),
    79, *80–81*, 81–82, 106;
    measures 37–39 (oboe theme),
    103, 104, *104*, 106–107, 109;
    measure 55 (center of arch),
    102–103, *103*, 107; measures
    55–62 (orchestra), 84–87,
    85–86, 112; measures 83–84
    (oboe melody), 79, 107, *108*;
    measures 100–103 (flute and
    oboe), 88, *88*; measures 107–
    110 (orchestra), *52*, 79, 88–89;
    Merleau-Ponty's philosophy
    and, 105, 113; movement in,
    42, 53, 58, 82–83, *83*, 84, 112,

244

113; musical idea and, 102, 109–110; mythical time and, 42, 51, 112; noncoincidence between poem and, 40–41; noncoincidence in, 40, 44, 46, 51, 84, 87, 105–106, 108–109, 112; noncoincidence of interpretations of, 103–104; resemblance to the poem, 103; rhythm and, 42, 102, 105; rhythmicized time and, 102, 112; silence and, 40, 41–42, 43–46, *44*, 51–52, 53, 78, 102, 105, 108, 112; style expressed by, 77, 89; theme and variations and, 104–106, 108–110, 112, 113. *See also* flute arabesque

Deleuze, Gilles, 138n8, 145n33, 148n16, 150n55

Demeny, Paul, 127n27, 143n40, 154n3

depth, 13–18; binocular vision and, 21–22, 132n28; bodily experience of, 21, 22, 23, 24–25; Cartesian view of, 13–15, 16, 17, 18; Cézanne's paintings and, 17, 18, 40, 53, 55, 56, 59, 61, 132n28; dimensional present and, 36–37, 110–111, 112, 116; flesh and, 32–33, 35, 92; generative dimension of, 99, 101; institution and, 63, 75; between Merleau-Ponty's articulated words, 2; movement and, 33, 37, 58, 98; musical idea and, 90, 92, 93, 94, 96, 97; musical repetition and, 41, 46, 51; ontological significance of, 18, 21, 123; philosophy as unconcealment of, 77; photography and, 140n12; points of view and, 131n21; primordial, 17, 22; Proust on re-creation and, 123; of Proust's Albertine, 66, 67, 69, 70, 72; Proust's *Recherche* as novel of, 26–28, 30, 31, 33, 35, 36, 76, 99; style and, 64; of time and, 36–37, 41, 96–97, 112, 113, 116; transcendence and, 120; unseen side of things and, 17–18, 116; of the world experienced through art, 56. *See also* perspective

depth and Debussy's *Prélude* : beginning and, 43, 105; flute arabesque and, 46, 49, 51, 77; form and, 105, 109, 112; harmony and, 77, 84, 89, 102; Mallarmé's poem and, 41; Mallarmé's suggestion of, 40; monophonic line and, 53, 77; noncoincidence and, 44, 105

Derrida, Jacques, 128n36

Descartes, René. *See* Cartesian

245

thought
dialectic thought, 5–7, 10, 12, 149n39
difference: Claudel on cause and, 146n49; Claudel on time and, 111–112; dialectic thought and, 6; institution and, 64; between iterations of Debussy's arabesque, 48–51, 106; Merleau-Ponty on color and, 60; transcendence and, 120. *See also* noncoincidence
double: art serving as, 56–57; the flesh as, 32–33, 35, 136n48; forgetting and, 155n11; music as, 38; operative, 29, 31; in Plato's *Meno*, 30
doubling: as coiling up, 23–24, 32, 36–37, 42, 72, 73, 74, 101, 102, 106, 109; in Debussy's *Prélude*, 42–43, 46, 49–50, 82, 87, 89, 106, 107; Mallarmé's poem and, 40, 41; in Proust's *Recherche*, 26–28, 29, 30, 38, 40, 67, 122, 146n37; of thoughts along their whole extension, 26. *See also* repetition
dualisms surpassed by phenomenology, 125n1
element: flesh as, 33, 98, 150n47; Merleau-Ponty's concept of, 150n47

emotion: Debussy's *Prélude* and, 42, 45–46; in Proust's *Recherche*, 99, 118, 119, 121; synesthesia and, 115, 119, 121
encroachment: in Debussy's *Prélude*, 42; of objective body and phenomenal body, 35; of past and present, 37; subject/object relation as, 22, 23, 24
essence: of Albertine, 68–69, 70, 72–74, 74, 145n32; Deleuze on, 145n33; Merleau-Ponty on, 72, 74, 144nn8–9, 145n31; of musical idea, 96; operative, 73, 145n32
flesh: color and, 60; Debussy's *Prélude* and, 42, 105; defining characteristics of, 32–33, 134n27, 135n34; as element of Being, 33, 98, 150n47; Freudian unconscious and, 136n48; idea and, 92; Merleau-Ponty's dimensional meaning of, 2; movement and, 37, 58–59, 137n53; musical idea and, 90, 92, 94, 95, 96, 98, 101; of time, 34, 35, 36, 37, 38, 110; of the world in us, 56. *See also* body
flute arabesque, 41–42, *42*, 43, 46–51; Cézanne's painting compared to, 54, 56, 60, 61; clarinet motif and, 80, 103,

106; depth and, 46, 49, 51, 77; differences between repetitions of, 48–51, 105–106; final statement of, 88–89, 105, 107–8; harmony associated with, 77–78, *78*, 79, 82, 87, 89, 105, 106; movement and, 58; noncoincidence of iterations, 51, 106; oboe melody of measures 37–39 and, 103, 104, *104*, 106–107, 109; opening statement of, 41–42, *42*, 77–78, 104; Proust's Albertine compared to, 66; recapitulation at measure 94 of, 51, 88, 103, 107, 109; return in measure 11 of, 46; return in measure 21 of, 46–47, 50, 104; return in measure 26 of, 47–48, *50*, 50–51, 79, 104; return in measure 79 of, 51, 103, 107, 108, 109; return in measure 86 of, 51, 107. *See also* Debussy's *Prélude*

fold: Cézanne's depth and, 55; of Debussy's *Prélude*, 87; Marcel's resurrections and, 116, 121, 122; between Plato's phenomenal and eternal, 30; transcendence and, 116, 120, 122. *See also* double; doubling; membrane

forgetting and creativity, 155n11

form. *See* musical form

Four Bathers (Cézanne), 53–54, *54*, 58

Freudian unconscious, 136n48

gap: between Marcel's perception and ideal representation, 30–31, 133n20; between Merleau-Ponty's work and engagement with it, 4; between reflection and the thing, 4; between sign and signification, 7, 8. *See also* lacuna; noncoincidence

Gestalt, 150n49

Gilberte, 27, 34, 35, 71, 74, 146n54

Godlike perspective, 15–16. See also *kosmotheoros*

Gowing, Lawrence, 141n28

Guattari, Félix, 150n55

the hidden: depth and, 17–18; in Proust's *Recherche*, 27, 67, 133n5. *See also* invisible

Houses on a Hill, Provence (Cézanne), 18–19, 20, *20*

Husserl, Edmund: incompleteness of work of, 3, 127n28, 156n38; Merleau-Ponty's concept of institution and, 143n46; Merleau-Ponty's writings on, 66, 127n28, 132n2, 136n48, 143n46, 151n59, 153n16, 156n38; theory of intersubjectivity, 132n2

247

hyperdialectic, 7
hyperreflection, 5, 7
ideality, 98, 100, 144n7
ideas: the flesh and, 92; philosophical, institution of, 109; Platonic, 94, 145n31; universe of, 90. *See also* musical idea
incompossibles, cohesion of, 58, 59, 92, 95, 101, 111, 116
indirect method, 12, 113, 130n50. *See also* ontology institution: carnal essence revealed through, 141n20, 141n21; cause working by means of, 75, 146n49; Cézanne's paintings and, 147n6; Debussy's *Prélude* and, 89, 102, 105, 109–110, 147n6; defining characteristics of, 63–64; of expression, 122; expressive operation of writer and, 128n31; indirect ontology and, 113, 123; love and, 75, 76, 146n46, 147n6; multiple associations of, 141n20; musical idea and, 76, 89, 96, 97, 100, 102, 109– 10, 147n6; of transcendence, 120
intermittence, law of, 71, 72
"The Intertwining—The Chiasm," 1, 36, 92, 101
the invisible: as dimension, 110, 120; as pure transcendence, 114, 118–19; relation with visible, 58, 92, 94, 119; as working upon the world, 75, 93, 116. *See also* the hidden; the unseen
Ione, Amy, 131n24
Kearney, Richard, 125n1
Klee, Paul, 24, 141n26
kosmotheoros: Cartesian philosophy and, 15; depth and, 15, 16, 22, 36; Merleau-Ponty's concept of, 144n7; musical ideas and, 93; perspective and, 16, 20; pure essence of Albertine and, 68–69, 144n7; reflective thought and, 5
lacuna: dialectic and, 6, 7; the invisible and, 116; musical idea and, 97, 101; on page of Merleau- Ponty's notes, 2; in Proust's relationship with Albertine, 67; between reflection and the thing, 4; in visual arrangement of Mallarmé's poetry, 11. *See also* gap; noncoincidence
Laloy, Louis, 152n2
language: empirical vs. creative, 8; Mallarmé and, 7, 8–9, 10, 11, 127n31, 128n41, 129n42; Merleau- Ponty's use of, 1,

2; music and, 39; religious, 1, 125n1; rhythmic quality of, 9–10. *See also* meaning; operative language; poetic language; signification

Lascaux, 56

Lawlor, Leonard, 126n18, 144n15

Les Mardis, 39

line: in cave art, 57; in Cézanne's paintings, 53–56, 57; Matisse's choice of, 142n38; Merleau-Ponty on painting and, 139n3; in music, 53; in visual arts, 53

Loran, Erle, 131n21

love: institution and, 75, 76, 146n46, 147n6; of Marcel for Albertine, 69–70, 74, 76, 145n32; Merleau-Ponty on nature of, 75, 145n32; movement and, 74, 76

madeleine, 28–29, 32, 33, 116, 117, 118, 119, 120, 121, 156n28

Mallarmé, Stéphane: Debussy's *Prélude* and, 39–40, 137n2; language and, 7, 8–9, 10, 11, 127n31, 128n41, 129n42; Merleau-Ponty's indirect ontology and, 12; rhythm and, 11, 17, 39, 123

Manet, édouard, 2

Marcel: confluences making up his life, 34–35; creativity and, 99, 122; narrator and, 26, 27, 28, 30, 31, 34, 35, 36, 67, 72, 74, 122, 123, 132n2; resurrections of, 116–20, 121–123, 155nn11–12, 156n28; rhythm in experience of, 69–70, 121, 122, 123, 153n18; Vinteuil's music and, 90, 99–100, 121, 122, 151n56, 156n28. *See also* Proust's *Recherche*

Marchand, André, 24, 141n26

Matisse, Henri, 142n38

meaning: of artist's expression, 62–63, 64, 143n43; movement and, 41, 138n9; music as model of, 39; operative language and, 7–9, 11, 127n31. *See also* signification

membrane: Cézanne's use of line and, 53; musical idea and, 94, 96; rhythm as, 110; between sections of Debussy's *Prélude*, 109; transcendence and, 120

memory: Merleau-Ponty's analysis of, 133n23; musical form and, 41. *See also* anamnesis; recollection

memory in Proust's *Recherche*: depth and, 26, 27–29, 40, 99; experienced through the body, 32, 33–34, 134n25; Marcel's awareness of former self and, 72; Marcel's resurrections

compared to, 116, 117, 118, 119–120, 121, 155n11. *See also* resurrection
Merleau-Ponty, Maurice: incompleteness of work of, 1–2, 3, 4, 12; language of, 1, 2. *See also* chiasm; depth; flesh; institution; movement; musical idea; mythical time; noncoincidence; ontology; perception; silence; style
metaphor, 7, 10, 11, 129n42
Monet, Claude, 39
Montagne Sainte-Victoire (Renoir), 142n31
Montagne Sainte-Victoire Seen from Les Lauves (Cézanne), *62*
movement: in cave art, 57–58; Cézanne's lines and, 56, 57–58; Cézanne's motif and, 61; Claudel on, 113; as cohering of noncoincidence, 58–59, 82, 95; color and, 18, 59, 60; in Debussy's *Prélude*, 42, 53, 58, 82–83, *83*, 84, 89, 109, 112, 113; dialectic thought and, 6, 149n39; doubling and, 33, 37, 110, 136n48; institution as, 64, 141n20; meaning and, 41, 138n9; Merleau-Ponty on nature of, 140n12, 140n14, 149n38, 151n55; Merleau-Ponty on source of, 101; musical idea and, 41, 94–95, 98–99, 100, 101, 149n21; mythical time and, 37, 51; in painting, 58–59, 141n20; rhythm and, 110, 120, 121, 123, 128n36; Rodin on sculpture and, 58; silence and, 53, 112, 113; transcendence in, 120, 122

music: Being and, 123; Debussy on essence of, 102; experience of time in, 9, 41, 51, 95, 96; flesh and, 38, 98; Mallarmé on operative speech and, 8, 9, 11, 129n42; Mallarmé's influence from, 40; Marcel's experience of, 122–23 (*see also* Vinteuil); Merleau-Ponty on nature of, 100, 110, 113, 156n27; as model of meaning, 39; Proust on, 38, 98, 99, 102, 123. *See also* Debussy's *Prélude*

musical form: autogenerative, 105; of Debussy's *Prélude*, 41, 102–113, *103*; Deleuze and Guattari on, 151n55; as institution of idea, 102; repetition in, 41, 110

musical idea: Debussy's *Prélude* and, 102, 109–10; depth and, 90, 93, 94, 96, 97, 100, 101; institution and, 76, 89, 96, 97, 100, 102, 109–110, 147n6;

Merleau-Ponty on, 90, 92–98, 99, 101, 109, 129n41, 148n13; in Proust's *Recherche*, 89, 90, 91–92, 93, 94, 98–99; rhythm and, 95, 96, 110

mythical time, 36–37; Cézanne's repetition of line and, 55; Claudel and, 112; Marcel's search for, 116–117; musical expression of, 41, 42, 51, 53, 55; musical idea and, 95

Nattiez, Jean-Jacques, 147n1

noncoincidence: binocular vision and, 22; of body and the world, 25; in Cézanne's use of space, 18; cohesive, in Proust's *Recherche*, 26–27; Debussy's *Prélude* and, 40, 44, 46, 51, 84, 87, 105–106, 108–109, 112; depth and, 13, 16, 23; dialectic thought and, 6; of essence and fact, 72; the flesh and, 33; flesh of time and, 37; inadequacy of ordinary language and, 7; incompleteness of Merleau-Ponty's philosophy and, 4; institution and, 64; of interpretations of Debussy's *Prélude*, 103–104; Mallarmé's poetry and, 11, 40; metaphor and, 10; movement as cohering of, 58–59, 82, 95;

musical idea and, 94, 95; musical motion springing from, 53; operative, 37, 111; in philosophical reflection, 4; poetic language and, 7, 8, 11–12, 126n27; of present and past in resurrection, 121; of reflective thought and thing itself, 5–6; of repetition in music, 41; rhythm and, 9–10, 128n38; simultaneity and, 111; of subject and object, 24; of Vinteuil's masterpieces, 100. *See also* difference; gap; lacuna; silence

Odette, 90, 94, 96, 148n16

ontology: Cartesian, 15; Merleau-Ponty's path to, 12, 21, 25, 37, 92, 100, 112–113, 123

openness upon the world, 5, 17, 126n13

operative language, 7–9, 10, 11–12, 127n31

operative thought, 4, 6, 7

painting: choices in, 63; immersion of viewer in space of, 20–21; line in, 53–56, 57, 139n3, 142n38; Merleau-Ponty on, 53, 58–59, 62–64, 141n20, 142n36; as performance of vision, 57; points of view in, 19–20, 131n21; and the visible looking back, 24, 141n26. *See*

also Cézanne, Paul
Pascal, Blaise, 145n32
perception, 4–6, 126n13; Cartesian view of, 13–14; Cézanne's abandonment of perspective and, 19; embodied experience of space in, 21, 22; Plato's anamnesis and, 30; in Proust's *Recherche*, 26, 27, 30; subject-object relationship and, 16–17, 22
perspective, 15–16, 17; binocular vision and, 131n24; Cézanne's abandonment of, 18, 19–20, 131n21; Proust's reference to, 123. *See also* binocular vision
philosophy: Merleau-Ponty on nature of, 1, 2, 3, 4, 12, 123, 129n50. *See also* ontology
photography: Merleau-Ponty on, 140n12
Plato, *Meno*, 29–30, 31, 117–118, 119, 136n48, 155nn11–12, 156n27
Pliny the Elder, 57
poetic language, 2, 7–9, 10, 11, 126n27, 127n31, 128n41
poetry. *See* Claudel, Paul; Mallarmé, Stéphane; Rimbaud, Arthur; Valéry, Paul
Prélude à l'après-midi d'un faune (Debussy). *See* Debussy's *Prélude*

primordial depth, 17, 22
primordial faith, 151n59
Proust, Marcel: on recollection, 29, 30; on recreation, 123; rhythm and, 123; on source of music, 102
Proust's *Recherche*, 26–35, 66–76, 90–101; Albertine in, 66–71, 72–76, 77, 144n7, 145n32, 146n37; Gilberte in, 27, 34, 35, 71, 74, 146n54; madeleine in, 28–29, 32, 33, 116, 117, 118, 119, 120, 121, 156n28; memory in (*see* memory in Proust's *Recherche*); Merleau-Ponty's flesh of time and, 34, 35, 36, 37, 38; Merleau-Ponty's ontology and, 25; Odette in, 90, 94, 96, 148n16; resurrections in, 116–20, 121–23, 155nn11–12, 156n28; rhythmical intersubjectivity of, 132n2; soul in, 29, 30, 31–32, 33, 72, 94, 99–100, 121, 155n11; Swann in, 90–96, 99, 108, 148n16, 150n55. *See also* Marcel; Vinteuil
Recherche du temps perdu, À la. *See* Proust's *Recherche*
recollection, 29–30, 31, 32, 72, 117, 119, 120. *See also* anamnesis
reflective thought, 4–6, 126n13;

Cartesian view of, 13;
  Merleau-Ponty on what stands
  before, 151n59
religious language, 1, 125n1
Remembrance of Things Past. See
  Proust's *Recherche*
repetition: Debussy's use of, 41,
  42, 46, 50, 51, 77, 78, 103,
  109–110; Deleuze on, 138n8;
  as movement, 57; musical
  form and, 41, 110; musical
  idea and, 109–110; painting
  as, 57; Proust's Vinteuil and,
  147n1; in visual art, 57–58.
  See also double; doubling
resonance: dimensional present
  and, 111, 112; love as,
  75; Marcel's transcendent
  experience and, 100, 122;
  Merleau-Ponty's indirect
  method and, 113; of music
  with Being, 99, 123; painting
  and, 59, 61, 62, 64, 140n14;
  repetition transformed into, 41,
  110; transcendence and, 120
resurrection, 116–120, 121–123,
  155nn11–12, 156n28. *See also*
  memory
rhythm: of being, 123; the breath
  and, 41, 140n14; Cézanne's
  style and, 56; Debussy's
  Prélude and, 42, 102, 105;
  expression and, 120, 122;
123; the invisible and, 116;
  language and, 9–10; literature
  and, 129n48; Mallarmé's
  approach to poetry and, 11,
  17, 39, 40, 123; Marcel's
  experience and, 69–70, 121,
  122, 123, 153n18; metaphor
  and, 10, 129n42; movement
  and, 110, 120, 121; music
  and, 9, 123; musical idea and,
  95, 96, 110; noncoincidence
  and, 9–10, 128n38; ontology
  through, 37, 123; silence
  and, 9, 10, 11, 17, 64, 120; of
  thought, 110, 123; of time, 37;
  transcendence and, 120, 121
rhythmicized time, 102, 110–111,
  112
Richir, Marc, 145n31
Rimbaud, Arthur: on activity of
  expression, 98; letter to Paul
  Demeny, 127n27, 143n40,
  154n3; Merleau-Ponty on
  language of, 127n31; on
  poet as seer, 115, 154n4; the
  unknown and, 118
Rodin, Auguste, 39, 58, 59, 95,
  140n12
secretion, 34, 102
seer, 75, 115, 119, 127n27, 154n4
signification: dialectic and, 6, 7;
  kosmotheoros and, 144n7;
  metaphor and, 10; operative

language and, 7; poetry and,
8; primary process of, 134n27.
See also meaning
silence: Claudel on, 113;
Debussy's use of, 40, 41–42,
43–46, *44*, 51–52, 53, 78, 102,
105, 108, 112; language and,
39; Mallarmé's use of space
as, 11, 40; Merleau-Ponty on
Husserl and, 127n28; Merleau-
Ponty's philosophy and, 7, 11–
12, 112–113, 129n50; rhythm
and, 9, 10, 11, 17, 64, 120;
as Σιγη′ / *Sigè*, 12, 112–13,
130n51; transcendence and,
120
simultaneity, 19–20, 35, 111–112,
113, 136n48
space: Cézanne's painting and,
53, 56, 57, 59, 140n16;
cohesion of time and, 35,
36; immersion of viewer in,
20–21; Mallarmé's use of, 11,
40; Merleau-Ponty's ontology
and, 37. *See also* depth
stereoscope, 21, 26, 41, 131n24,
132n28
Still Life with Apples and Peaches
(Cézanne), 18, *19*
Still Life with Fruit Basket
(Cézanne), 131n20
Still Life with Milk Jug and Fruit
(Cézanne), 54–55,*55*, 56

style: carnal essence and, 57,
59, 141n21; of Cézanne's
paintings, 62, 64; color and,
59, 60; harmony and, 77, 89;
institution and, 64, 141n20;
Merleau-Ponty on nature
of, 139n6; rhythm and, 64,
141n20; universality as, 59; of
Vinteuil, 99, 100, 151n56
subject/object relation, 15, 16–17,
22–23, 24, 32, 120
Swann, 90–96, 99, 108, 148n16,
150n55
synesthesia, 114–115, 116, 118,
119–120, 121, 122, 123,
154nn2–3
temporal dislocation: between
Marcel and narrator, 132n2;
between perception and
reflection, 4, 5–6
temporal double. *See* double;
doubling
thing itself: bodily access to, 24–
25; depth and, 17; Merleau-
Ponty's new ontology and, 25;
metaphor and, 10; perception
and, 4–6, 126n13
thought, rhythm of, 110, 123.
See also operative thought;
reflective thought
time: Cézanne's abandonment of
perspective and, 19; Cézanne's
lines and, 57; Claudel on,

111–112; cohesion of space and, 35, 36; embodied, 35, 136n39; flesh of, 34, 35, 36, 37, 38, 110; meaning and, 138n9; Merleau-Ponty's ontology and, 37; movement and, 42, 51, 58; musical depth and, 41; musical idea and, 95–98; Proust's *Recherche* and, 28, 34, 35, 116–117, 121, 132n2; rhythmicized, 102, 110–111, 112; rhythm of, 37; transcendence and, 116, 120. *See also* memory; mythical time; simultaneity

transcendence: dimensional present and, 110; *Gestalt* as, 150n49; the invisible and, 114, 115, 116, 118–119; Mallarmé on language and, 8–9; Marcel's resurrection and, 119, 122; musician's feeling of, 101; operative, 120; poetry and, 8, 154n4; rhythm and, 120, 121; synesthesia and, 115, 118

truth: anamnesis and, 29; of art vs. photography, 140n12; Cartesian ontology and, 15; hyperdialectic and, 7; language and, 8; Merleau-Ponty's claim of, 1; time and, 35–36, 37

universality of the sensible, 59, 98

the unseen: depth and, 17;

movement and, 58; painting and, 20; Rimbaud on, 115; time and, 36, 116

Valéry, Paul, 13, 39, 128n36, 129n50

Van Gogh, Vincent, 139n6

Vanzago, Luca, 129n42, 138n9

vertical Being, 116

vertical depth, 112

vertical thought, 101, 129n50

Vinteuil: Marcel's transformation by music of, 90, 99–100, 121, 122, 151n56, 156n28; Proust's source for, 147n1; style of, 99, 100, 151n56; Swann's fascination with sonata of, 92, 94, 95, 96, 99, 108, 148n16, 150n55

vision. *See* binocular vision

Wagnerian leitmotif, 148n16, 150n55

Whistler, James, 39

Wilde, Oscar, 39

内容简介

现在与过去之间,可见的与不可见的之间,感觉和观念之间,均有共鸣,亘古不变。伟大哲学家梅洛-庞蒂这样认为,以此为线,本书引领读者进行了一次轻松的哲学之旅。在哲学的启迪下,我们细读马拉美的诗歌,欣赏塞尚的画作,品鉴普鲁斯特的散文,聆听德彪西的乐章。诗歌求静,画作重深,文学注重唤起内心的回忆,而音乐则重旋律的表达,虽然不同种类的作品之间存在差异,但艺术与哲学之间互相融合、互相启发,并通过联觉开启了全新的体验维度。

作者简介

杰西卡·维思库斯(Jessica Wiskus),美国杜肯大学教授,音乐技巧研究部主席,音乐与哲学研究中心主任,教授音乐理论与历史、音乐哲学课程。